KB184123

김 코치가 알려주는 관계 소통

35년차 직장인의 소통법

김 코치가 알려주는 관계 소통
35년차 직장인의 소통법

2024년 10월 1일 초판 인쇄
2024년 10월 8일 초판 발행

지은이 | 김수정
펴낸이 | 이찬규
펴낸곳 | 북코리아
등록번호 | 제03-01240호
주소 | 13209 경기도 성남시 중원구 사기막골로45번길 14
       우림2차 A동 1007호
전화 | 02-704-7840
팩스 | 02-704-7848
이메일 | ibookorea@naver.com
홈페이지 | www.북코리아.kr
ISBN | 978-89-94299-04-4 (03320)

값 17,000원

* 본서의 무단복제를 금하며, 잘못된 책은 구입처에서 바꾸어 드립니다.

김 코치가
알려주는

관계
소통

35년차 직장인의 소통법

김수정 지음

Relationship
Communication

북코
리아

사람은 연결을 통해 성장한다

내가 김수정 코치를 만난 것은 12년 전쯤 코치들의 봉사단체인 해피포럼에서였다. 나는 김 코치를 크리스털 코치님이라고 자주 부른다. 물론 이름이 '수정'인 이유도 있지만, 김 코치는 성품이 솔직하고 투명하기도 했고, 자신보다 누군가를 빛이 나도록 돕는 사람이어서 그랬다. 김 코치는 모임에서 뒷바라지를 잘 해주는 사람이다. 한마디로 서번트 리더다. 사람과 상황을 살피며 필요한 부분이 원활하게 해결될 수 있도록 뒤에서 그림자처럼 지원했다. 매번 모임 때마다 가방에 이것저것 챙겨와 함께 나누는 모습도 참 보기 좋다. 정이 많은 수정 코치다.

김 코치는 배우는 것도 좋아해서 주경야독하며 박사학위도 득했다. 깐깐한 한기대에서 박사학위를 받기까지 여간 어려운 일이 아니었을 텐데, 끝까지 해낸 걸 보면 일에도 뚝심이 있고 책임감이 강한 사람이라 하겠다. 박사로 치면 김 코치가 나보다 선배 박사다. 김 코치와는 논어 스터디 모임에서 함께 공부했던 인연도 있다. 그때 좋았던 기억도 삼삼하게 떠오르니 감사한 일이다.

몇 해 전 김 코치가 내게 기회를 주어 멘토 코칭을 했을 때 코칭 주

제가 책 출간이었다. 하지만 생각보다 많이 늦어졌다. 며칠 전 출간 예정이란 소식을 전해주니 얼마나 반갑고 고마웠는지 모른다. 왜냐하면 책 발간을 서두르도록 돕지 못하는 것이 내 책임인 양 느껴졌었고, 출간 소식에 마치 내 짐을 내려놓은 듯 홀가분한 기분마저 들었기 때문이다.

"어떤 일을 시작하는 유일한 목적은 그 일을 끝내는 것"이라고 세스 고딘이 말했다. 아마 김 코치는 완벽에 완벽을 기하느라 출간이 늦어졌을 것이다. 하지만, 김 코치는 이제 세상에 책을 내보내는 일을 완수했다. 피터 드러커도 "나는 완벽을 기하려고 하지만, 완벽은 언제나 나를 피해간다"고 했다. 진작 출간되어도 이상이 없었을 텐데 이제 책을 출간한다니 기쁘고, 기분이 좋다. 뜸을 충분히 들인 밥만큼이나 맛나고, 숙성이 잘된 와인과 같은 맛이라 생각한다.

김 코치는 세계적인 회사인 삼성전자에서 직장생활을 35년 해왔기에 회사에서 소통과 관계 이슈가 얼마나 많은지, 얼마나 중요한지 잘 안다. 이 책은 명실상부한 전문자격을 갖춘 김 코치가 회사에서 사내 코치로서 주변 사람들의 고민이나 어려움을 보살핀 내용이다. 현장에서 일어나는 소통과 관계 이슈들을 어떻게 풀어나가는지 코칭 사례들을 통해 알기 쉽게 소개했으니 배울 점이 많다.

책의 구성은 나 자신과의 내면 소통에서부터 워킹맘, 워킹대디로서 가정 안의 소통, 직장에서의 사회적 소통, 그리고 마지막에는 논어에서 배우는 리더의 소통까지 담았다. 직장인으로 혹은 가정을 꾸린 사람으로 일상에서 마주하는 관계 소통의 지혜를 잘 녹여내어 훈훈한 감동을 준다. 각 장의 에피소드별로 자기 안의 답을 찾아가는 셀프 코칭 질문도 자기 성찰에 큰 도움이 될 것이며, 리더 혹은 선배나 동료로서 생각의 전환에 도움이 되는 코칭 질문들도 곁들였으니 이 정도면 진수성

김 코치가 알려주는 관계 소통

찬이다. 목차를 보고 상황과 필요에 따라 소통 현장에서 바로 찾아서 도움을 받을 수 있도록 꾸며져 있기에 요긴하고 유용한 책이니 읽어보기를 추천한다.

나는 김수정 코치를 일터의 현자라고 생각한다. 많이 배워서라기보다, 좋은 질문을 할 줄 알기 때문이다. 생각을 열고 관점을 열 줄 아는 사람, 그게 코치이기 때문이다. 오랜 직장생활에서 축적한 지혜를 이 책에 오롯이 담아냈으니 소통 코치로 조직문화에 더 기여하기를 기대한다. 마지막으로 더 좋은 소통을 원하고, 소통으로 평온한 세상을 이루고 싶은 분들에게 이 책이 도움이 되길 두 손 모아 바란다.

오정근

국민대학교 겸임교수
『오정근의 커리어 코칭』 저자
『대한민국 전문코치 백인백서』 공저자

불통의 사례

어느 주말, 김 과장이 가족과 함께 있는데 박 팀장에게 긴급하게 아이디어가 필요하다고 콜이 왔다. 김 과장은 박 팀장의 요청에 이런저런 아이디어를 내고 기획서를 작성해 제출했다. 그런데 기획서를 본 박 팀장은 "김 과장, 당신 생각이 틀린 건 아닌데 그거 내가 3년 전에 이미 해본 거야. 그때 생각은 참 좋았는데 막상 해보니 결과가 별로였어. 그러니 내 생각대로 갑시다. 알겠지요? 방금 이야기한 대로 정리해서 내일 아침에 봅시다"라고 하는 거였다.

가족과의 주말 시간도 포기하고 작성한 기획서에 대한 박 팀장의 피드백은 박 팀장 자신의 의견을 정리해달라는 거였다. 처음부터 김 과장의 의견이나 생각은 중요하지 않았던 거다. 김 과장은 '그냥 의견 정리가 필요하다고 바로 말하지'라는 생각이 들어 내내 불쾌했다. 박 팀장의 지시에 "네" 하고 대답은 했지만, 마음이 개운하지 않았다.

이처럼 뭔가 억울한 상황이지만 조금도 반박하지 못한 경험, 할 말을 못 하고 돌아선 자신에게 아쉬웠던 경험이 직장인이라면 누구나 있을 것이다.

소통의 중요성

나를 키운 건 9할이 직장이었다. 그런 직장에서, 가정에서 내가 생각하는 소통이란 사람과 사람을 연결해주는 고리 즉, 관계의 시작이다. 내 과거의 소통은 어느 과자 광고에서 나왔던 '말하지 않아도 알아요'였다. 내 마음을 나처럼 알아주는, 굳이 이것저것 설명하지 않아도 내 마음을 있는 그대로 받아주는 것으로 생각했다. 그런 생각에 내 답답함을 상대에게 이야기하면 대개 "뭘 그런 걸 물어봐?"라는 반응을 보이곤 했다. 그러면 또 상대에게 내 마음을 표현하지도 못하면서 내 마음을 몰라줘 서운하거나 속상할 때가 많았다. 또한 가끔 상대와 대화하다가 '이런 말까지 해야 하나'라는 생각이 들 때면 마음의 거리감이 생기면서 관계가 서먹해진 경우가 많았다. 그러다 보니 내 느낌이나 의견을 말하는 것보다는 듣는 게 편했고, 또 목적성 있는 만남으로 관계의 폭이 좁혀졌다. 지금 생각해보면 상대보다는 내가 먼저 마음의 문을 닫아 그렇게 느꼈던 경우도 있었을 거라는 생각이 든다.

내가 진짜 원하는 소통은 나와 관계하는 모든 이들과 물 흐르듯 편안하게 잘 지내는 거였다. 그러려면 내가 어떤 유형의 소통을 원하는지 파악하는 게 중요했다. 그러면서 내 소통 패턴이 나를 대표한다는 사실을 알게 되며 '소통'이란 화두의 중요성을 느껴 계속 연구하게 됐다.

현대사회는 개인뿐 아니라 조직의 소통까지 그 중요성은 아무리 강조해도 과하지 않다. 조직 관점에서의 소통은 결과뿐 아니라 일하는 과정의 구성원 간 신뢰를 단단하게 하고, 살아 움직이는 조직으로 만든다. 그래서 요즘의 리더들은 효과적인 방식으로 소통하려 노력한다. 소통의 방식은 '그때그때 달라요'이다. 모든 소통과 관계는 상황과 이해관계자의 관점에 따라 해석이 달라지기에 다양할 수밖에 없기 때문이다.

소통의 어려움과 다시 시작

35년간의 직장생활을 경험해오고 있는 나는 이처럼 직장에서 수없는 불통의 순간을 목격해왔다. 회의 시간에 팀장의 예상치 못한 질문에 머리가 쭈뼛하고 등골이 오싹하던 기억 등, 이 책에는 현장에서 일어나는 다양한 불통의 사례를 싣고 있다. 그 사례의 상황에서 '내가 왜 그랬을까'라는 후회를 반복하지 않도록 다시 그런 상황에 직면하면 어떻게 현명하게 대처할지를 제시했다. 또 이 책에 등장하는 코칭 사례는 특정한 개인의 사례라기보다 직장에서 가장 보편적으로 자주 일어나는 사례를 재구성했음을 밝혀둔다. 그래서 책을 읽다 보면 어느 직장에서나 봄직했던 익숙함을 느낄 수 있을 것이다. 내가 사례를 선정하면서 주목했던 건, 우리 모두가 겪는 소통의 불편함을 해소할 수 있는 사례였다.

김 코치가 알려주는 관계 소통

현재에도 이어오고 있는 이 연구는 동료들 간의 불통을 도와주고 싶은 전문가로서의 꿈이 그 시작이었다. '나는 누구인가' 하고 정체성을 찾아가며 사람을 탐구하고자 상담심리와 인력개발학을 공부했다. 그 과정을 통해 나를 이해하고 수용하며 인정하게 됐다. 그러면서 업무 좌절로 낮아진 자존감이 조금씩 높아지고 상대를 그대로 바라볼 수 있는 눈이 트여 직장에서의 관계도 원활해졌다. 또 쫄지 않고 당당하게 내 의견을 상대에게 전달할 수 있게 됐다. 이 모든 과정은 나와 너의 소통, 더 나아가 우리의 소통, 즉 다시 말해 조직의 소통을 깨우치는 큰 계기가 됐다.

현재, 어른의 학당인 '정예서함께성장인문학연구원'에서 소통과 관계, 리더십에 대해 연구 중인데 동서양 고전을 읽으며 소통의 깊이가 달라지고 있음을 느낀다. 이렇듯 개인의 성장과 코치 역할에서 인문학은 내게 중요한 한 축으로 자리 잡았다. 또 나는 봉사하는 코치들의 모임인 '해피포럼'에서 대학생 봉사 코칭을 하며 미래를 준비하는 청년들을 만났다. 이 만남은 나를 더 확장된 세계로 한 걸음 내딛게 했다.

책의 핵심 내용 및 활용법

이 책은 회사에 막 입사한 신입사원, 그리고 조직과 가정에서 불통으로 고민하는 이들에게 도움이 되기를 바라는 마음으로 썼다. 책의 구성은 총 5부로 나눠지며 첫 장부터 쭉 읽어도 좋고 눈에 들어오는 단락부터 읽어도 무리 없이 잘 이해될 것이다. 1부 나 자신과의 내면 소통, 2부 코칭으로 익히는 관계 소통, 3부 워킹맘, 워킹대디 가정 안의 소통, 4부 사통팔달, 직장소통법, 5부 논어에서 배우는 리더의 소통으로 구성 돼 있다. 사례별로 자기 안의 답을 찾아가는 셀프 코칭 질문과 리더가 구성원에게 알려주는 소소한 팁이 안내돼 있다. 그러므로 지금 현장에 서 적용 가능한 사례를 목차에서 찾아보고 당장 적용해볼 수도 있다.

조직은 이제 한 부서만이 아닌, 다양한 부서와 협업이 필요하다. 그러려면 창의적인 아이디어를 도출할 수 있게 질문할 수 있는 환경, 즉 수평적 소통문화가 기본이 되어야 한다. 그러므로 좋은 질문으로 구성 원에게 잠재돼 있던 창의성을 이끄는 코치의 수요와 역할이 갈수록 중 요해지고 있다. 이미 사내 코치(Internal coach)를 전담으로 두거나, 부서 리 더에게 코칭 교육을 받게 하고 코치 자격을 거치게 하여 업무에 바로 활용하는 기업도 늘어나고 있다. 이 책에서는 김 코치(김수정 과장)가 사 내 전담 코치처럼 사례별로 활동한 내용을 담아 현장에서 활용하도록 했다.

○────○

직장 내 불통으로 지옥을 걸었던 나처럼

상업고등학교를 졸업하고 회사에 입사한 나는 3년이 지나 회사 일 과 관련된 대학, 전공학과에 합격했다. 나로서는 원하던 일이었기에 기뺐고, 격려해주는 동료에게도 고마웠다. 이후 나는 직장에서 4년에 한 번 승격할 수 있는 시험에 호기롭게 도전했지만 낙방하고 말았다. 그 당시, 심사위원은 내 일에 대한 적극성과 성과는 인정하지만 승격된다면 앞으로 무엇에 중점을 두고 업무를 추진할 것인지를 질문했다.

심사위원으로서 궁금한 질문인 듯했지만, 그때는 혹시 내 학력 때문에 하는 질문인가 의아했다. 사실 고졸로 입사한 선배들은 그 질문을 받기 싫어서 승격시험에 응시하지 않는다는 말도 있었다. 그렇게 시험에서 고배를 마신 후 나는 퇴사를 고민하기 시작했다. 그 와중에 대학을 졸업한 후에 다시 승진시험을 보고, 그 결과에 따라 퇴사를 고려해보라는 주변의 만류에 결정을 유보할 수 있었다.

퇴근 후 야간대학에서 공부하느라 눈 밑에 다크서클을 달고 살던 시절이었지만 학교에서는 이론을 배웠고 회사에서는 실무를 경험할 수 있었기에 일이 재미있었고 자신감이 높아졌다. 자연스럽게 업무를 함께 처리하는 관련 부서와 주변에서 인정의 말도 종종 듣게 됐다.

하지만 내가 퇴사를 고민했던 이유가 어찌 학력뿐이었을까? 수십 년간 회사생활을 하며 다른 직장인이 그랬듯 나 또한 그 외에도 여러 이유로 퇴사를 여러 번 진지하게 고민했었다. 그러나 이후, 어쨌든 내가 회사 일을 천직으로 삼고 현재까지 근무하게 한 원동력은 무엇보다 '직장 내 소통'을 위한 공부였다.

그러므로 무엇보다 매일 출근하는 직장에서 오늘 더 나다운 모습으로 안심 소통이 되기를 바라며 불통으로 불편한 당신에게 위로가 될 이 책을 선물로 드리고자 한다. 오늘도 내일도 끝없는 출근길에 나서는 나와 같은 대한민국의 직장인에게 따뜻한 응원과 존경을 보내며, 우리가 늘 함께였음을, 앞으로도 함께일 것임을 확신한다.

CONTENTS

1부

나 자신과의 내면 소통

“

　　수정에게 있어 직장은 대학에 가기 위한 또는 결혼하기 위한 중간 정류장이었다. 그때는 결혼하면 여성의 퇴사가 너무나도 당연했던 시절이었다. 그래서 직장에 딱 3년만 다닐 생각으로 퇴사를 꿈꾸었던 열등감 덩어리인 수정이 고등학교를 졸업하고 사회인으로 적응하며, 또 어떻게 계속 공부하며 승진하여 고졸에서 박사학위까지 성장하고 살아내는지의 과정이 담겨 있다.

”

1
고졸에서 박사까지

아침 6시 30분, 정확하게 출근 버스는 정류장에 도착했고, 수정은 간신히 초록 신호등 끝자락을 잡아 건너편에 정차한 출근 버스에 올랐다. 사원증을 태그한 그녀는 왼쪽 네 번째 통로 자리에 앉았다. 그 자리는 의자 아래에 스피커가 있어 다리가 길거나 다리를 뻗는 사람들은 불편한 자리이지만 수정에게는 적당히 막혀 있어 편안했다. 다행히 앞 정류장에서 그 자리에 아무도 앉지 않아 경쟁하지 않아도 됐다. 사람들은 신기하게 한번 앉으면 그 뒤부터 그 자리를 찾아 앉곤 했다.

수정은 안전띠를 매고 의자를 바짝 당긴 다음에 눈을 붙인다. 그녀는 출근 버스에서 루틴처럼 눈을 감고 머릿속에서 하루 일을 시작하기 위해 일정을 살핀다. 회사에서 있을 발표를 먼저 시뮬레이션 해본다. 눈을 감고 하루를 미리 마주하다 보면 살며시 렘수면 상태로 빠져들고 회사로 진입하는 고속도로 나들목에 다다를 때쯤에 눈이 떠진다. 사무실에서 부족하거나 필요한 부분을 작업해볼 생각에 머릿속이 바쁘다.

시계가 오후 5시를 가리킬 때

1990년대 2월, 수정이 입사해서 그룹과 입문 교육을 거쳐 현업에 배치됐다. 첫 출근을 하던 날, 수정은 가슴이 콩닥거렸다. 무조건 회사에서 주어진 업무를 잘해내고 싶다는 중압감도 잠시, 회사로 출근하는 거리는 그야말로 눈부셨다. 사무실은 정동교회가 보이는 정동길 외국은행 건물의 5층에 자리했다. 반짝거리는 유리 건물, 중앙 엘리베이터에서 내리면 사무실이 건물의 왼쪽부터 오른쪽 끝까지 한눈에 보이게 넓게 펼쳐져 있었다.

책상과 회의를 위한 원탁 테이블은 오와 열을 맞춰 잘 정돈되어 있었고, 건물 가장자리에는 설계업무를 할 수 있게 연구실처럼 셀이 있었다. 수정이 처음 배치된 부서는 회사에서 새롭게 시작하는 신사업 부서였다. 설계 부서를 시작으로 영업 그리고 거래처를 지원하는 곳까지 100여 명이 한 층에 모여 있었다. 수정의 동료는 대부분 대학에서 전기나 전자공학을 전공했고 가끔 수학이나 다른 전공자도 있었다. 리더들은 모두 해외 박사 출신인 일명 엘리트 집단이었다. 수정의 첫 업무는 이사님 비서와 부서의 행정 일을 담당하는 서무업무가 주어졌다. 그 부서에서 수정처럼 상업고등학교를 졸업한 입사 동기는 서무가 아닌 엔지니어로 전환되어 일했다.

선배들은 연차가 달랐는데 가장 무서운 게 바로 위 기수 선배라고 해서 수정은 바짝 긴장하고 있었다. 서울말을 하는 선배들은 왠지 뭔가 더 있어 보였다. 그 당시 모두 유니폼을 입었는데 선배들은 오후 5시가 되면 라커룸으로 빠르게 이동해 사복으로 갈아입고 두꺼운 전공 책

김 코치가 알려주는 관계 소통

을 손에 든 채 큰 가방을 메고 회사 문을 나서기에 바빴다. 어딜 가는 걸까? 다들 무슨 일이라도 있나? 혹시 수정만 모르는 무엇이 있는지 궁금해 알아보니 부서 선배들은 주경야독으로 야간 대학에 다니고 있었던 거다. 가장 나이 많은 선배는 유치원 교사가 되기 위해 유아교육과에 다니며 피아노를 따로 배우고 있었다. 또 다른 선배는 돈을 많이 벌고 싶다고 경영학과에, 그리고 수정의 바로 위 선배는 컴퓨터 전문인력이 되겠다고 전산학과에 적을 두고 있었다. 선배들이 퇴근 후에 모두 공부하고 있다는 사실을 알고 난 후, 수정은 선배들이 멋져 보였다. 주어진 자리에 만족하거나 머물지 않고, 당당하게 자신이 원하는 직업을 위해 공부에 도전하는 모습, 당찬 그 모습에 수정은 큰 영향을 받게 됐다. 그리고 회사에 딱 3년만 다니겠다는 마음도 함께 들었다.

매일, 시계가 오후 5시를 가리킬 때 선배들이 대학교에 가기 위해 바쁘게 준비하면서 했던 "꿀리지 않으려면 계속 배워야지"라는 말! 수정은 그런 선배들로 인해 입사와 동시에 공부가 끝나는 것이 아니며, 하고 싶은 뭔가를 다시 시작해볼 수 있겠다는 생각으로 설레는 계기가 됐다.

그때 부서에는 모두가 함께 쓰는 문서작업용 일본 전기(NEC)의 NEC PC-98 시리즈 컴퓨터가 세 대 있었고, 고졸 월급으로는 감히 넘볼 수 없었던, 몇 명만 전용해서 쓰는 애플이 만든 매킨토시(Mac)가 세 대 있었는데, 개발 부서의 데이터북 제작과 거래선 발표 자료 작성용으로 쓰였다. 지금처럼 1인 한 대 개인용 컴퓨터가 보급되기 한참 전이었고, 수정에게는 꿈에서도 보지 못했던 신세계에 최첨단을 접한 시기이기도 했으니 고등학교를 막 졸업하고 입사한 회사는 그녀에게 더 큰 창을 바라보는 계기가 됐다.

학생증이 없다

사실 수정도 고등학교를 졸업하면서 막연한 대학 생활에 대한 로망을 갖고 있었다. 그런데 회사 선배들은 그 꿈을 실현하고 있었다. 그녀도 그런 선배들의 모습에 용기를 얻어 2년차부터 아침에는 중요 과목의 대입 새벽반 수업을 듣고 출근했고, 저녁에는 종합반 수업을 수강해서 전체 과목 시험을 준비했다. 주말에는 혼자 복습했는데 집에 있으면 마냥 눕고 싶어서 반드시 집 밖으로 나와야 했다.

그때 수정은 이대 근처에서 자취하고 있었고 이대에 도서관이 있는 것을 알고 있었다. 당연히 일반인들에게도 개방되어 있을 거라 여기고 들어가려니 바로 문 앞에서 출입을 담당하는 아저씨가 그녀를 막아 세웠다. 즉, 학생증을 보여달라는 것이었다. "아, 학생증요?" 그러고 보니 모두 뭔가를 찍고 들어가는 모양새였는데 그것이 학생증인 거였다. 이대 학생도 아닌 그녀에게 학생증이 있을 리 만무했고 그녀는 머리를 굴려서 학생증을 집에 두고 왔다고 거짓말하고 싶지도 않았다. 하는 수 없이 수정은 아저씨에게 상황을 솔직히 말씀드리고 아저씨가 바라보는 앞에서만 공부하겠다고 간곡하게 요청했으나, 돌아온 대답은 "학생증이 없으면 출입 자체가 안 된다"라는 말뿐이었다. 아, 한 발짝만 내디디면 바로 그녀가 원하는 넓고 쾌적하고 책이 많은 도서관이 눈앞에 있는데 그녀를 위한 자리는 없다니. 그랬다, 수정에겐 그 선을 넘을 자격을 증명하는 학생증이 없어 출입이 불가한 것이었다.

뒤돌아보면 그때부터였을까. 수정이 그 선을 넘고자 끊임없이 배우기로 다짐했던 그 시작이 말이다.

김 코치가 알려주는 관계 소통

딱 붙어 있어

오래간만에 퇴사한 선배에게 연락이 왔고 수정은 반가운 마음에 그날 저녁을 먹자고 했다. 선배는 본인이 정말로 하고 싶었던 일을 찾아 대학원 졸업까지 준비를 탄탄하게 하고 제2의 인생을 펼치겠다고 호기롭게 사표를 제출했었다. 주변의 격한 지지와 부러움을 한 몸에 받으며 회사를 떠났기에 수정은 정말로 그런 선배가 어떻게 지내는지 궁금했던 터였다.

> 수정: 선배, 정말 오래간만이에요. 얼굴이 좋아 보이는데요.
> 선배: 응, 좋지. 잘 지내지? 일은 재미있고 고정 거래처도 생겨서 어느 정도 정착했어.
> 수정: 와우, 역시 선배 멋져요. 하나씩 준비하더니 정말 잘됐어요.
> 선배: 그래그래, 얼굴 보니 좋다. 요즘도 계속 공부하니?
> 수정: 네, 저야 배우는 즐거움으로 회사 생활을 유지하고 있지요.
> 선배: 좋다, 딱 붙어 있어. 회사 나오니까 은행에서 대출받는 게 어려워. 절차가 까다로워.

출근 버스가 고속도로 나들목을 나와서 회사를 향해 달린다. 반쯤 뜬 눈에 회사건물 실루엣이 더 또렷하게 가까워진다. 기사님이 회사에 거의 도착했다는 뜻으로 라디오 볼륨을 높였다. 출퇴근길 혼잡도 감소 효과를 기대하기 위해 '출퇴근 지하철 의자를 없앤다'라는 뉴스가 나오고, 시민들의 격앙된 인터뷰 목소리가 들려온다. 수정은 집에서부터 편하게 앉아서 회사에 올 수 있게 데려다준 출근 버스가 오늘따라 감사하게 느껴진다. 출퇴근 버스는 사원증을 태그해야 탈 수 있다. 수정은 이제 대학교 학생증뿐 아니라 박사 학생증까지 지참하게 될 것이다.

자기 안의 답을 찾아가는 셀프 코칭 질문

- 근육* 하나, 나는 어떤 유형의 삶을 원하는가?

  _____

  _____

  _____

- 근육 둘, 나는 회사를 통해 어떻게 성장하고 싶은가?

  _____

  _____

  _____

- 근육 셋, 나는 일과 개인 생활의 균형을 어떻게 지키고 싶은가?

  _____

  _____

  _____

---

* 근육: 현재를 바라보면서 건강하게 버틸 수 있는 '마음의 근육'이라는 의미

김 코치가 알려주는 관계 소통

회사 로비에서 장착하는 페르소나, 스마일!

"늘 웃고, 회사에서 만나는 사람에게는 모두 인사드려. 청소
아주머니랑 경비 아저씨에게도 싹싹하게 인사 잘하고. 무슨 일
이 생기면 먼저 미안하다고 이야기하고."

수정의 어머니는 만 18살인 딸을 타지에 보내면서 많은 당부의 말
을 쉴 새 없이 했다. 그해 겨울은 오리털 파카가 유행했고 그녀는 다음
날, 서울로 보내는 딸의 손을 잡고 번화가 파카 매장으로 갔다. 매장에
는 수정에게 맞는 치수가 없어서 며칠을 기다려야 한다고 했지만, 그들
에겐 시간이 없었다. 어머니는 서울은 위쪽이라 춥고 겨울옷은 두꺼우
니 겉옷이 커도 좋다며 큰 치수의 파카와 코르덴 바지를 사주었다. 기억
하건대 수정이 태어나서 처음으로 입었던 제일 비싼 옷이었다. 어머니
의 과분한 마음이었을까. 그 옷은 수정에게 무겁고 너무 커서 자주 입지
못하고 오랫동안 눈으로만 입다가 다른 사람에게 넘겨줬다.

지방의 상업고등학교에 다녔던 수정은 3학년 1학기 때 기업체에
합격했고, 그해 겨울, 단출하게 가방 하나 들고 서울에 왔다. 서울은 그

녀가 자란 남쪽 지방보다 훨씬 추웠고 마음은 긴장 속에서 건조하고 삭막했다. 겨울 저녁 칼바람과 시청 앞 넓디넓은 10차선 도로에서 버스를 기다리는 그녀에겐 캄캄한 빌딩 숲은 황량하게 느껴졌다. 서울에는 사람도 많고 버스 노선도 많아서 다양한 색의 버스들이 각자 목적지를 향해 정류장에 쉼 없이 도착했다가 출발하기를 반복했다. 아침 출근길은 시간이 넉넉하게 집을 나섰지만 입사한 뒤로 적응하기까지 반년 동안 회사 도착 시간은 늘 간당거렸다.

늘 웃고 다니라는 어머니 말씀처럼 그녀는 가능하면 이를 보이며 웃거나 미소를 지으려 했다. 가면처럼 웃는 모습이 신경 쓰이고 얼굴 근육에 힘이 많이 들어갔다. 또 출근길에는 회사로 가는 파란색 버스를 놓치지 않기 위해 몸을 앞으로 기울이거나 앞사람이 시야를 가리면 등을 있는 힘껏 펴서 미어캣처럼 고개를 올렸다. 아침부터 온 신경이 곤두서 있었고 회사에서는 실수하지 않기 위해 같은 내용도 몇 번씩 읽고 또 읽었다. 그렇게 어리바리했던 그녀는 퇴근하면 에너지 방전으로 바로 곯아떨어졌다. 지금은 '자본주의 미소'를 알지만, 그때는 자신의 기분과 감정을 상대에게 속이는 것 같아 혼란스러웠다. 그렇게 세월은 10여 년이 지났고 사람과의 관계에 대해 궁금하여 주경야독으로 대학원에 다녔다.

대학원 첫 학기의 추운 겨울, 감기로 몸이 으슬으슬했지만, 집단 상담 과목 첫 수업에 빠질 수 없어서 짐을 주섬주섬 챙겨서 빠른 걸음으로 강의실에 도착했다. 교수님께서는 수정에게 이야기를 들으시고는 상담 내용은 힘들어 보이는데 얼굴은 미소를 짓고 있다며 지금 기분은 어떤지와 이야기한 내용과 표정 중 어떤 게 진짜 자신인지 물었다. 그 순간 수정의 목이 멨고 가슴속에서 울컥하니 뜨거운 뭔가가 올라왔다. 그

김 코치가 알려주는 관계 소통

렇게 한참 동안 수정은 소리 없는 눈물을 흘렸다.

교수님은 두 가지를 말씀해주셨다. 첫째는 "감정은 하늘에 흘러가는 구름과 같다. 그 순간에 느꼈던 감정이 10분 후에는 같게 느껴지지 않는다. 그리고 감정은 혼자 오지 않고 선행 생각이 있어야 그에 따른 감정이 올라온다"고 하셨다. 수정이 동료와 같이 일할 때 갑자기 화가 나거나 자신도 모르게 목소리 톤이 높아지고 감정이 격하게 출렁일 때 왜 그러는지 찬찬히 살펴보면, 일을 효율적으로 잘하고 싶고, 업무 파트너와 잘 지내고 싶은 그리고 무엇보다 오해받고 싶지 않은 자신의 마음이 뒤섞여 있었다. 하지만 자신의 의도대로 풀리지 않고 상대가 알아주지 않으니 화가 올라왔다. 이때 그녀가 느끼는 감정의 원천인 욕구를 알아차린다면 더 큰 갈등으로 연결되지 않을 것이다.

둘째는 "자신을 볼 때 부족한 과거를 볼 것이냐, 아니면 그것을 잘하기 위해 노력하고 있는 현재 본인의 모습을 볼 것이냐"이다. 과거의 어리바리했던 내 실수를 탓하면서 자존감을 낮출 것인지, 아니면 과거에는 못했으나 지금은 그 실수를 만회해보려고 노력하는 자신을 보고 스스로 칭찬하며 지지할 것인지이다. 수정은 과거는 고칠 수 없음을 그리고 현재 자신이 성장하기 위해 노력하고 있음을 알고 있다. 그녀가 현재 느끼는 감정이 불편한 것은 그 일을 잘하고 싶은 혹은 상대와 잘 지내고 싶은 자신의 진짜 마음이 있기 때문이라는 것도 알게 됐다.

수정은 어머니가 "늘 웃고, 주변 사람에게 먼저 인사하고, 잘못이 생기면 먼저 미안하다고 이야기해라"라고 하신 말씀의 속뜻이 '소통과 관계'의 기본임을 깨달았다. 그녀는 마음이 편안해져 표정이 자연스러워졌고, 그러면서 차츰 불통이 해소되는 걸 느꼈다. 한결 관계에 대한 눈치를 보는 게 줄고 불편함이 사라지며 편안함과 함께 여유가 찾아왔다.

그 이후로 수정은 더 이상 가식적인 미소를 짓지 않았다. 사회생활을 위한 가면에서 조금 벗어나 가벼워졌고, 자신의 기분을 찾아 표현해가면서 표정이 조금씩 부드러워지는 것을 느꼈다. 지금은 상황에 따라 어떤 가면이 어울리는지 아주 조금은 알 것 같다.

자기 안의 답을 찾아가는 셀프 코칭 질문

• 근육 하나, 어머니가 딸에게 전하고 싶은 가치는 무엇일까?

• 근육 둘, 나는 감정을 어떻게 알아차리고 또 다루고 있는가?

• 근육 셋, 나는 지금 어떤 종류의 페르소나를 장착하고 있는가?

3
내 탓은 이제 그만!

수정은 주변 분위기와 눈치를 많이 보는 편이라 주변 상황을 고려해서 어떻게 행동해야 할지 결정했다. 그녀의 기분이 좋아도 분위기가 그렇지 않으면 기분을 표현하지 않았다. 또 일이 틀어지거나 갈등이 생겼을 때도 그녀가 먼저 미안하다고 했다. 그러다 보니 일은 수월하게 풀렸으나 그녀 잘못이 아닌 것도 스스로 책임지고 뒷감당을 져야 했던 때가 종종 있었다. 그뿐만 아니라 그런 일들은 평가까지 연결됐다. 그녀는 억울하고 속상했지만 먼저 미안하다고 말했으니 스스로 잘못했다고 인정한 것과 같았다. 그러니 어찌 보면 당연한 결과였다. 자기 잘못이 아니라고 누구에게 하소연해봤자 구차한 변명처럼 들릴 수 있어서 그녀는 가능한 한 말수를 줄였다. 그런 경우가 쌓이고 주변 분위기에 맞춰 감정을 누르다 보니 그녀에게 일어나는 모든 일과 상황이 자기 잘못처럼 느껴져 마음이 무겁고 많이 지쳐 자존감이 갈수록 낮아졌다.

언젠가 수정이 데이터를 가공하고 이를 참고해서 옆 팀 정 대리가 발표 자료를 작성하기로 했다. 그녀는 정 대리의 바쁜 사정을 알기에 가능하면 그가 바로 문서작업을 할 수 있도록 여러 가지 사항들을 반영해서 제공해줬다. 그녀는 작업하고 있던 일도 미루고 먼저 신경 써서 대응했던 터라 나름 뿌듯해하고 있었다.

> 최 과장: 수정 님, 매출 데이터가 안 맞아서 자료의 신뢰가 확 떨어졌어. 자료는 신뢰도가 생명인데 데이터값이 다르니 내가 팀장님께 면목이 없다고. 어우, 힘 빠져.
>
> 수정: 네? 갑자기 무슨 말씀을 하시는지 이해가 안 되는데요. 기껏 하는 일도 미뤄가며 먼저 대응해줬더니만 고맙다는 말은 못 듣고, 이게 무슨 뚱딴지같은 소리일까요?

그녀는 어이가 없고 어안이 벙벙해서 무슨 일이 있었는지 정 대리에게 확인했다. 그녀가 제공했던 표의 통화는 USD인 미국 외화 기준으로 되어 있었고, 정 대리가 작성한 부분은 원화로 되어 있어서 자료를 검토하는 자리에서 기본적인 것도 확인 못 했다고 팀장께 면박을 받았다는 거다. 그 이야기를 듣고 그녀가 통화기준을 잘못 작성해준 것처럼 오해받은 것 같아 속상했다. 그 순간 기분이 찝찝해지면서 최 과장이 회의에서 그녀 탓으로 돌렸을 것을 생각하니 더 열이 났다.

이지영 작가는 『정서 조절 코칭북』*에서 "감정의 노예가 되느냐, 감정의 주인이 되느냐의 차이는 감정을 제대로 이해하고 있느냐의 여부에 달려 있다. 먼저 감정의 정체를 알고 이해하며 이를 바탕으로 정서를 적절히 다루는 방법을 안다면 자신 감정의 주인이 된다"라고 했다.

수정은 최 과장에게 전후 사정을 이야기하고 정 대리에게 어떤 기

---

* 이지영(2017), 『정서 조절 코칭북』, 박영스토리.

준으로 자료를 작성할 것인지 확인하지 않은 자기 잘못도 있지만, 매출 통화의 기본은 통상 미국외화 기준인데 확인하지 않고 바로 활용한 정 대리의 실수도 있다고 했다. 앞으로 제공하는 그녀도 그 자료를 활용하는 최 과장 쪽에서도 서로 챙기자고 이야기하고 이 폭풍은 일단락됐다.

수정에게 갑자기 떨어진 불똥이었지만 곰곰이 생각해보니 그 일에서 그녀도 자유롭지 못했다. 이번에는 모든 것을 자기의 잘못으로 돌리지 않고, 어떤 통화로 데이터가 필요한지 물어보지 않았던 부분에 대해 상대에게 미안하다고 했다. 관계는 한쪽이 아닌 양쪽의 상호작용을 통해 좋아질 수도 또 나빠질 수도 있다. 불편한 관계는 한 사람에게 그 책임이 돌아갈 수 없으며 그 관계를 개선하기 위해서는 서로의 노력이 필요하다는 것도 다시금 되새겼다.

그래서 그녀는 가끔 관계에서 감정이 올라올 때면 잠시 그 자리를 벗어나 자신이 느끼는 감정을 관찰하면서 나누고 이름을 붙여보곤 한다. 그 과정에서 마음의 물결은 잔잔해지고 명확해졌다. 이제 그녀는 안다. 모든 결과가 혼자만의 일방통행이 아니라 내 몫과 상대의 몫을 구분하고 자기가 잘못한 부분만 미안하다고 사과하면 된다는 것을.

공자는 『논어』 「학이」(學而) 편에서, 자기를 스스로 갈고닦는 수신과 관련해 세 가지를 언급했다. 첫째, 충(忠)은 주어진 일에는 진정성을 가지고 정성을 다하는 것이요. 둘째, 신(信)은 타인에게 신뢰를 주는 성실함이요, 마지막 전습(傳習)은 늘 변함없이 노력하는 모습이다.

공자가 말씀하셨다. "나는 하루에 여러 번 나 자신을 되돌아본다. 남을 도우면서 충실하지 않았던 적은 없었나, 벗을 사귀면서 신의를 저

버린 일은 없었나, 어설프게 익힌 것을 남에게 가르치지나 않았나."*

　수정은 말과 행동이 어긋나지 않기 위해서는 감정을 먼저 살펴야 하고, 그래야 겉으로 나오는 말과 행동도 편하게 나온다고 생각됐다. 관계에서 신뢰를 쌓기 위해서는 상황도 상대의 말도 중요하지만 내 감정 그리고 이 감정이 원하는 긍정의 욕구를 파악하여 진정 내가 원하는 것이 무엇인지 알아차리는 것이 중요함을 다시 한번 느꼈다.

---

*　子曰: 吳日三省吳身(오일삼성오신), 爲人謀而不忠乎(위인모이불충호), 與朋友交而不信乎(여붕우교이불신호), 傳不習乎(전불습호).

자기 안의 답을 찾아가는 셀프 코칭 질문

- 근육 하나, 지금 내 감정은 어떤 상태인가?

- 근육 둘, 나는 일이 일어난 부분을 보는가, 전체를 보고 있는가?

- 근육 셋, 나의 배려는 상대에게도 필요하지만, 나 자신에게도
  배려하고 있는가?

4
자체 검열은 완성도를 높인다

수정은 오늘도 자체 검열을 시작한다. 보낸 메일을 몇 번이고 다시 읽어본다. 오탈자는 없는지, 논리적으로 잘 설명했는지, 관련 부서 사람들 이름은 잘 썼는지, 그리고 사람들이 메일을 수신했는지를 확인한다. 그녀는 왜 이리 불안한 걸까? 크게 잘못한 일이 있었나? 일할 때 자신감이 없는 것인가? 자신이 한 일에 대해 누가 왈가왈부하는 게 싫어서 그런가?

그녀는 일이 군더더기 없이 깔끔하게 끝마치기를 기대하며 자체 검열로 시간 할애를 많이 한다. 본인이 답한 글에 누가 추가 질문을 하거나 의구심을 제시하면 바로 답을 달아 그 불씨를 잠재운다.

그녀가 어릴 때 아버지가 일찍 돌아가시고 어머니께서 경제적 가장으로 새벽부터 저녁까지 일하셨다. 그녀는 위로 오빠를 두고 둘째이자 막내였지만 또 장녀로 일찍 철들어 어려서부터 자신을 스스로 지켜야 했다. 그래서 늘 안정과 편안함을 꿈꿨다. 도전보다는 안전한 울타리 안에서 빨리 적응하는 것을 선호했다. 예측하지 못한 외부 자극에는 당황하기 일쑤였고 자존감이 낮아 본인의 약한 부분이나 싫은 소리 듣는

김 코치가 알려주는 관계 소통

게 불편했다. 그러다 보니 자연스럽게 주변의 반응을 살피기 위해 관찰과 눈치가 백 단이 되었다.

참으로 모순이다. 안정을 가치로 둔 수정의 몸은 늘 긴장 상태였고 뇌는 활성화되어 과부하로 피곤했다. 친구 모임이나 회의 시간에 시간이 조금이라도 길어지면 집중력이 흐려지는 것을 느낄 때가 많았다. 또 초반에 열심히 따라가다가도 분위기를 좇아가지 못한다고 생각되면 중간에 흥미를 잃어 동기부여가 되지 않아 마무리가 늘 아쉬웠다. 그리고 그녀는 에너지가 소진됐다고 느껴지면 주변을 차단하고 자기만의 동굴 속으로 조용히 들어가버린다.

이런 그녀는 '삶의 균형'이라는 멋진 말로 포장하면서 모든 일과 '밀당' 했다. 자신의 역량이나 체력을 70%만 활용하려 했다. 긍정적으로 이야기하면 '낄끼빠빠'(낄 때 끼고 빠질 때 빠지는) 즉, 자기관리를 잘하는 것이고 냉소적으로 말하면 도전정신이 아쉽다. 그녀를 아는 주변 사람들은 훨훨 날지 않고 주저하면서 꽁꽁 숨겨놓은 그녀의 재능을 안타까워했다. 또 그녀를 언제 만나느냐에 따라 그녀에 대한 주변 사람들의 평가가 극과 극이다. 그녀의 에너지가 충만할 때 만난 사람은 적극적이고 열정적이며 사회성이 좋다고 이야기하는 반면 에너지가 소진될 때 만났던 사람들은 대개는 낯가림이 있고 소극적이며 자기를 드러내지 않는 조심스러운 사람으로 기억한다. 양극단을 보여주는 그녀는 상대방의 피드백에 자신이 누구인지 혼란스러워할 때가 있다. 본인 스스로는 일관성 있게 판단하고 생활한다고 하는데 자신을 거울처럼 비춰주는 지인들은 종종 다른 이야기를 한다. 그런데도 그녀는 오늘도 관계를 통해 자신을 찾아 길을 나선다.

비즈니스 커뮤니케이션 전문가 샘 혼(Sam Horn)은 『적을 만들지 않는 대화법』 *에서 댄 밀먼(Den Millman)의 말을 인용한다. "그는 우리가 당면한 모든 일들이 영혼을 단련하는 훈련이라고 말한 바 있다. 그리하여 소소한 일상에 파묻히지 말고 그 일상을 통해 스스로 빛나야 한다"라고 강조했다. 우리는 관계에서 갈등이 생길 때 역지사지(易地思之)로 상대의 입장을 생각해보라는 조언을 자주 접한다. 수정이 평소에 스스로 안전을 위해 방어했던 일상에서 자신이 아닌 상대의 안정과 편안함도 얻을 수 있도록 관점을 전환했다면 어땠을까 하는 생각이 든다.

상대의 답답함이 해결되면서 몸의 긴장이 이완되고 질문과 대답으로 서로 주거니 받거니 하는 과정에서 에너지 흐름도 원활해진다. 그런 과정에서 그녀는 긴장과 갈등에서 벗어나 평상심을 찾으면서 일에 집중할 수 있다. 감정의 얽매임 없이 자연스럽게 가벼운 마음으로 일에 몰입할 수 있다면 이는 직장에서 최고의 근무조건이 된다.

수정에게는 성장하고자 하는 욕구가 있다. 시간이 오래 걸리더라도 자신만의 걸음으로 끊임없이 한 걸음씩 앞으로 걸어가는 힘이다. 또 걷다가 돌부리에 걸려 넘어지면 털고 다시 일어서는 무던함이 있다. 그녀는 실수해도 괜찮다고 스스로 다독인다. 예전에는 다른 사람에게만 했던 "그래도 괜찮아", "그럴 수도 있잖아"라는 말을 이제는 그녀 자신에게도 해주면서 다독인다. 나는 조금씩 자신의 틀에서 벗어나고 있는 그녀의 모습을 보면서 알을 깨고 나오기 위해 부지런히 쪼고 있는 그녀의 일상이 그려진다.

---

* 샘 혼(2019), 『적을 만들지 않는 대화법』, 이상원 옮김, 갈매나무.

- 근육 하나, 나는 언제 에너지가 충만하고 적극적인가?

- 근육 둘, 나는 어느 때 또는 누구와 있을 때 긴장하는가?

- 근육 셋, 나는 나 자신을 어느 정도 수용하고 허락하는가?

5
위기를 돌파하는 비결, '샐러던트'

에너지 충만했던 대리 시절 수정은 회사에서 부서 동료들과 관계도 좋고 사회적 센스인 눈치도 있었으며 업무처리에도 나름 적극적이었다. 그런 수정이 스스로 생각할 때 한 가지 아쉬운 점이 있었다. 승진을 위해서는 시키는 일만 하는 게 아니라 시키지 않은 업무도 하며 숨어 있는 문제를 찾아내 개선하여 업무 확장성과 성장 가능성을 보여주어야 했다. 그런데 수정은 일 잘하는 선배들을 아무리 관찰해봐도 그다음 단계의 업무처리가 쉽지 않았던 거다.

그 점이 부서장과 선배들의 눈에도 보였는지 많은 조언을 들어야 했다. 그래서 수정은 전체를 보는 눈으로 그동안 진행했던 주변 업무를 다시 한번 살펴보고자 노력했다. 그러면서 더 좋은 성과로 연결되는 변화가 나타나기 시작했다.

수정은 그 외에도 다양한 경험, 즉 마냥 배움이 좋았다. 자신이 누구인지 알아가는 탐색의 시간에 끌렸고, 일회성 배움보다는 연계성이 있는 교육을 선택해나갔다. 그러다 보니 유유상종이라고 관심이 비슷한 사람들의 사회적 네트워크도 풍성해졌다. 그녀는 다양한 모임에 참여했

김 코치가 알려주는 관계 소통

는데 성장을 원하는 사람들의 모임이라 놀이 문화도 건전했다. 그래서 수정은 더 믿음이 가는 모임에 참여했다. 업무와 배움의 일정이 겹치는 날에는 회사 일에 우선순위를 두어 늦게까지 일을 마무리 지었다.

분명한 건 직장인으로서 '샐러던트'를 자처했지만, 업무 우선을 기준으로 두자 조금 더 편하게 업무와 배움에 오롯하게 집중할 수 있었다. 또 인문학을 공부하며 일에 대한 '윤리'와 함께 일하는 부서장과 동료에게는 관계의 '윤리'를 적용하여 신뢰를 쌓으려 노력했다.

이렇게 배우는 것을 좋아하게 된 계기를 돌아보니 수정은 어떤 상황에 의해 넘어졌을 때나 무엇을 해야 할지 막연하고 불안했을 때마다 배움에 더 집중했다. 회사에 다니면서 타성에 빠져 생각 없이 하루를 보낼 때도 있었고, 또 '인생은 한 방이지'라는 생각에 불나방처럼 매달리는 하루도 있었다. 그런 중에도 배움은 계속됐지만 채워진 듯하면서도 소화불량에 걸린 듯 답답한 시기도 있었다. 또 배운 내용이 기억에 남지 않아 가끔 허망할 때도 있었다. 그래도 가랑비에 옷 젖는다고 의사소통과 인문학을 공부하며 열등감에 갇혀 있던 그녀의 자존감이 점점 높아졌다.

그 예로 어느 날, 옆 부서의 막말로 유명한 부장이 부서원에게 받았던 스트레스를 갑자기 마구 수정에게 퍼부었다. 수정은 어찌나 황당하고 억울하던지 눈에 눈물이 고이고 얼굴이 상기됐다. "내가 무슨 잘못을 했느냐"라고 들이대고 싶은 마음을 다독이며 휴게실로 들어가 받쳤던 감정을 진정시켰다. 이후 그 부장은 수정에게 여러 차례 미안함을 표현했다. 시간이 지나면서 수정은 자신의 변화된 모습을 관찰할 수 있었다. 그간의 배움을 실천하게 된 수정은 회복탄력성으로 마음 근력과 멘탈이 강해진 스스로가 무척 대견하게 여겨진 순간이었다.

다른 이의 인정도 중요하지만 스스로를 믿고 살펴주면 업무도, 관계도 또 언제든 일어날 수 있는 황당한 사건들에도 잘 적응하고 처리하게 될 것이다. 배우고 또 배워 그녀가 원하는 삶을 살아가게 될 거라 믿는다.

심리학자 데니스 그린버거, 크리스틴 페데스키의 『기분 다스리기』*에 의하면, "감정은 우리의 삶을 풍부하고 깊이 있게 만든다. 우리가 어떤 기분을 느낄 때 생각이 연결되어 있고, 이 생각은 기분을 파악하는 데 길잡이 역할을 한다. 한 사건에 대해 어떻게 생각하고 어떻게 해석하는가에 따라 같은 상황에 대해서도 다른 기분을 느낄 수 있다. 스스로 어떤 생각을 하고 있는지 살펴보고, 행동하기 전에 그 생각이 정확한지 따져보는 것은 매우 중요하다. 또 사람들이 가지고 있는 신념이나 그 상황에 대해 부여하는 의미에는 개인차가 있으므로 아주 다른 기분을 느낄 수 있다".

우리는 생각이 바뀌면 모든 것이 변한다는 것을 알면서도 생각을 바꾸지 못해 힘들게 사는 경우가 많다. 생각을 바꾸는 것은 무조건 긍정적인 사고를 하는 것과는 다르며, 현실에 근거하지 않은 긍정적 사고는 자칫 더 큰 실망과 좌절 그리고 분노를 가져올 수 있다. 인지치료에서는 우리의 생각 중 왜곡되어 있거나 경직된 미묘한 부분을 찾아 이 생각들을 여러 각도에서 검토하도록 도와주며 때로는 일상생활에서 직접 검증하는 방법을 안내한다.

---

* 데니스 그린버거 · 크리스틴 페데스키(2005), 『기분 다스리기』, 권정혜 옮김, 학지사.

김 코치가 알려주는 관계 소통

자기 안의 답을 찾아가는 셀프 코칭 질문

• 근육 하나, 나는 힘들 때 어떻게 그 위기를 돌파하는가?

_____

_____

_____

• 근육 둘, 내가 힘들 때 주변에 나를 도와줄 동료나 모임이 있는가?

_____

_____

_____

• 근육 셋, 나는 마음의 근력과 멘탈 관리를 위해 무엇을 하는가?

_____

_____

_____

6
열등감이 성장의 원천

　수정에게 현재를 마주하게 하는 힘은 '열등감'이었다. 그녀가 갖지 못하거나 경험하지 못한 것들이 그녀에게 언젠가부터는 열등감으로 자리했다. 학창 시절에는 어머니의 외벌이로 팍팍한 가정환경이 그랬고, 상업고등학교를 졸업하고 기업에 입사한 후에는 주변 동료들과 비교하며 더 위축됐다. 좁은 동네에서 살다가 대도시에 오니 처음 접해보는 것도 많았던 거다. 사실 지금은 그 열등감이 그녀 삶의 원동력이고 그녀를 여기까지 데리고 왔다 해도 과언이 아니지만, 그때만 해도 그녀의 자존감은 매우 낮았다. 그녀가 그 감정을 마주할 수 있었던 건 그 열등감이 건강한 삶을 형성할 수 있도록 영향을 끼쳤다는 걸 알고부터였다.

　혹시 실패할까 또는 상처받을까 두려워 종종걸음으로 살아왔다는 것을 수정은 인문학과 코칭을 접하며 알게 됐다. 그래서 성장도 느렸다고 느껴졌다. 그 때문에 그녀는 자신보다는 타인의 생각에 비중을 두고 일했으며 구축된 체계 안에서 주어진 업무의 완성도를 높이는 작업을 더 잘 수행했다. 또 그녀는 입체적 사고를 요하는 일보다 딱 떨어져 바로 답이 나오는 단기 문제 해결에 집중했다. 그러다 보니 빠르고 효과

　김 코치가 알려주는 관계 소통

적인 해결 방법에 익숙해졌고 운영업무에 적응되어 추가 성장을 위한 고민을 하지 않았다. 그녀 스스로는 자신에 대한 기대와 인정욕구가 높았으나 현실에서는 안정적인 운영업무에 치중하다 보니 그녀가 바라는 성장목표가 없었던 거다.

그랬던 그녀가 가랑비에 옷 젖듯 조직사회에서 시간이 약이 될 수 있다는 귀한 처방전을 알게 됐다. 또 신중한 결정보다 조금 검증이 안 되거나 부족해도 적시에 결정해야 하는 일이 있다는 것도 알았다. 가끔은 고집을 부릴 필요도 있었지만, 주변의 다양한 상황을 이해하고 조직의 윤리를 생각하면서 또 상대를 배려할 수 있는 절충점을 찾기 위해 노력하게 됐다. 멈췄던 수정의 성장시계가 작동한 시점이었다.

수정의 자존감이 높아진 이유

그러면서 수정은 자신의 기질과 적성으로 적임자로 쓰일 수 있고 또 할 수 있는 일이 무엇인지 적극적으로 찾아보게 됐다. 인력개발학 대학원 박사 수료상태로 논문이 정체돼 한계를 느끼고 있었던 시점에 찾아온 그 변화로 그녀는 논문 또한 완성할 수 있게 됐다.

인문학 교육 과정 중 자신의 과거와 현재, 그리고 미래의 기대를 지도로 그리는 작업이 촉매제 역할을 한 거다. 그녀가 십여 년간 지키고 해왔던 일을 정리해 발표하고 끊임없이 도전하며 결과물을 일궈낸 자신과 마주하게 된 거다. 열등감을 앓았던 그 시간이 기폭제가 되었다는 것도 새삼 알게 됐다.

그러면서 그녀의 낮았던 자존감은 회복되는 것에서 더 나아가 높아졌다. 자존감이 회복되니 그녀는 어떤 틀에 자신을 맞추려 하던 수동적인 자세에서 벗어나 자신을 그대로 수용하고자 했다. 또 생소한 업무는 가르침을 잘 받아 배우고자 했다. 그뿐만 아니라 실수했을 때는 바로 사과할 수 있게 됐다. 이는 열등감에서 벗어나지 못했을 때는 주저되어서 하지 못했던 일들이었다.

혼자가 아닌 함께

또 이처럼 과거를 직면하고 버틸 수 있게 된 건 그녀의 가족이 있었기에 가능했다. 가족은 그녀에겐 신물과 같았다. 함께 살아오면서 힘든 여러 상황도 있었지만, 어떻게 하면 미운 정과 고운 정으로 함께 성장할 수 있을지를 고민했다. 그러므로 지금의 그녀는 가족과 더 강한 연대감과 안도감을 느끼며 함께할 때 더없이 든든하다.

한때 다른 사람과 다르거나 부족하지는 않은가라는 열등감으로 좌절을 맛보았던 그녀. 이제는 자기 삶의 주인이 되어 남은 시간을 꾸려갈 힘을 지니게 됐다. 결핍을 충족하는 데서 나아가 이제는 후배, 도반들과 함께 배우고 익혀 성장하면서 미래를 걸을 수 있게 된 거다. 회사에서, 가정에서, 또 인문학연구원에서 현재를 잘 다지며 담담하게 일어나는 상황을 마주하며 감사함으로 일상을 채워나가고 있다.

김 코치가 알려주는 관계 소통

• 근육 하나, 내가 보기 싫은 나의 그림자는 어떤 모습인가?

_____

_____

_____

• 근육 둘, 그 그림자는 내 삶에 어떤 영향을 주었는가? 유익했던 점도

있었는가?

_____

_____

_____

• 근육 셋, 돌아보니 나의 성장 원동력은 무엇인가?

_____

_____

_____

7

찰나인 지금 여기에서 춤추기

'수정, 지금 기분이 어때?' 그녀는 스스로 물어보곤 한다. 아침에
일어나 물 한 잔으로 몸의 기능들을 깨우고 출근 준비 하면서 기분을 살
피고 오늘 할 일을 생각한다. 예전엔 문제가 생기면 바로 해결하는 게
최고라 생각했다. 요즘에는 문제를 해결하는 방법과 그 문제로 올라오
는 감정까지 살펴보며 두 가지를 분리해서 보려고 한다. 그러다 보니 일
어나는 현상이 주는 오묘함을 느낄 때가 있다. 그 경험을 한 이후로 '지
금 여기'에 일어나는 생각과 기분을 종종 확인한다.

지금 기분은 어떤가? 긴장과 조바심이 올라온다. 왜 그럴까? 오늘
은 어떤 일이 일어날지 예측할 수 없는 상황에서도 기회가 주어진다면
잘해내고 싶은 욕구가 있다. 그녀의 모든 감각은 늘 그녀 밖의 환경에 집
중하고 대기 중이다. 그러다 보니 기질적으로 가용할 수 있는 에너지 레
벨이 잔잔한데 대기상태이다 보니 몸은 피곤하고 쉽게 지친다. 그래서
일까. 수정은 에너지가 많이 필요한 일보다는 잘 정리되어 안내에 따라
자연스럽게 진행되는 일을 더 선호한다. 그녀는 어릴 때부터 주변에 순
응하는 게 익숙하고 안전의 욕구가 삶의 기준 축으로 깊게 자리 잡고 있

다.

수정은 다시 지금 여기에 집중한다. 약간 설익어도 괜찮다. 모든 일이 시작도 의미 있지만, 대나무의 마디처럼 중간 과정인 쉼표나 마침표를 찍고 결과물을 수확하는 마무리도 중요하다. 그녀가 생각했던 기대보다는 부족하거나 미흡하지만 일단 마무리 짓고 필요하면 추가 보완하면 된다.

수정은 조직문화 변화자(체인지 에이전트) 역할을 맡으면서 일보다는 그 일을 하는 사람에 관심을 두었다. 그래서 업무 외 시간을 내어 사람을 이해하기 위해 상담심리를 배웠다. 대학원 동기는 30대 막내에서부터 60대 큰언니까지 연령대가 다양했다. 함께 공부하고 알아온 지 10여 년이 넘었지만 잠깐 만나도 어제 만난 것처럼 편안하고 서로의 이야기에 바로 빠져든다. 각자 다른 일을 하며 삶을 꾸려가지만, 집집마다 나름의 고민과 어려움이 있고, 이야기를 나누다 보면 사는 것은 비슷하다. 이번에는 늦게 도착한 막내가 친정어머니에 관한 이야기를 쏟아낸다. 본인 서운함과 힘든 마음을 보였다가 또 장녀로서 어머니의 애잔함도 이야기한다. 이야기를 듣다 보니 애매하게 분리된 상황에서 막내가 이러지도 저러지도 못하고 감정이 실타래처럼 얽혀 있다.

사실 이 고민은 막내만의 것이 아니다. 수정 역시 둘째 아이가 두 돌이 된 이후로 친정어머니의 도움을 받으며 생활하고 있다. 양육의 가치관이 달라 불거진 문제와 그녀가 어릴 때 겪었던 어머니의 양육 태도가 그녀의 아이들에게 그대로 되풀이되는 불편한 감정까지 객관적으로 지켜보기에도 힘든 상황이다. 거기에 삶의 가치관이 달라서 일어나는 장모와 사위 갈등까지 확장되니 지금까지 눌러놓았던 그녀의 감정이 조금씩 보살펴달라고 고개를 들고 올라온다. 그녀는 올라오는 감정에 이름을 붙여보고 그 감정을 객관화하여 한발 멀리 떨어트려 지켜보면서 왜 그런 감정이 들었는지도 생각하니 주변이 조금씩 이해되면서 감정이 조금씩 잦아드는 것을 느꼈던 경험이 있다. 대학원 동기들과의 만남은 저녁과 함께한 짧은 집단 상담의 장으로 이어졌고 그 누구에게도 토해내지 못한 내용들이라 우리의 만남 자체가 힐링이 된다. 이렇게 수정은 그들과 공동체로 의지하면서 살아왔다.

수정은 모임에서 이야기를 듣고 있으면 자기의 가치관과 신념이 만들어놓은 틀이 굴레가 되어 그 안에서 스스로 겪고 버티면서 사는 것 같다는 생각이 들었다. 삶은 그 누구의 탓(시작점)이 아니라는 생각에 마음이 담담해지고 겸허해진다. 그녀는 모임이 끝나고 집에 돌아오는 길에 자기 삶의 목적은 무엇이고 어떤 패턴으로 힘들어하는지 생각해보았다. 그녀 스스로 반드시 그렇게 해야 한다는 당위성은 많이 내려놓은 상태라 힘들지는 않았다. 사실은 변함없으며 관점과 상황에 따른 해석의 차이로 감정 또한 다르나는 것도 이해한다. 이제는 감정이 없어지는 것은 아니지만 옅어질 수 있다는 것도 안다. 개인과 조직의 윤리가 다르다는 것도 알게 되었고, 문제를 문제화하지 않고 해결할 수 있는 더 큰 자신이 될 수 있겠다는 생각이다. 하지만 수정은 미래에 대한 막연한 불안과 지금 자리에서의 성장 가능성이 늘 궁금하다. 잘 가고 있는지 돌다리 두드려보듯 오늘도 그녀는 자신에게 질문해본다.

"찰나인 '지금, 여기'를 진지하게 춤추고, 진지하게 사는 걸세. 과거도 보지 말고, 미래도 보지 말고, 완결된 찰나를 춤추는 거야. 누구와 경쟁할 필요도 없고 목적지도 필요 없네. 춤추다 보

김 코치가 알려주는 관계 소통

면 어딘가에 도착하게 될 테니까."[*]

자기 안의 답을 찾아가는 셀프 코칭 질문

- 근육 하나, 현재 나를 가장 힘들게 하는 문제는 무엇인가?

- 근육 둘, 문제를 해결할 때 반복되는 행동 패턴이나 최우선으로
  적용되는 가치관은 무엇인가?

- 근육 셋, 그로 인해 내 기분은 어떠한가?

---

[*]   기시미 이치로 · 고가 후미타케(2014), 『미움받을 용기』, 전경아 옮김, 인플루엔셜.

2부

코칭으로
익히는
관계 소통

　　코칭의 스킬 중 관계 소통에 도움 될 내용을 적용해 직장에서 부딪치는 현장의 다양한 사례를 풀어보았다. 코칭 프로세스는 보통 라포 형성 등의 상황점검과 목표 설정, 활동계획과 수립 그리고 마무리 단계로 진행된다. 또 코칭을 활용하는 회사가 직접 개발하거나 코칭 전문 회사 그리고 전문 코치가 자신의 고유성에 맞게 다양한 형태로 개발해서 활용하고 있다. 코칭과 비슷한 영역의 컨설팅, 멘토링, 티칭, 퍼실리테이팅, 카운셀링 등과 구분되지만, 고객의 상황과 코칭에서 필요에 따라 이를 혼합·활용하면서 그 과정에서 해당 전문영역을 권한다. 김 코치는 이 부에서 사례에 코칭 프로세스를 매칭하되 전체 맥락을 고객의 상황에 맞게 설계해 적용한다.

1

김 과장, 코치가 되다

여러분은 자신을 어느 정도 객관적으로 보고 있는지요?

수정은 과장이 되고 자신이 생각하는 재능보다 조금 더 멋진 모습을 주변에 보여주고 싶어 한다. 그녀는 자신보다는 주변의 변화와 자극에 관심이 많으며 빠르게 호응한다. 지적 호기심에 배우는 것을 좋아해 꾸준하게 다양한 것을 배우지만 막상 배움의 목적을 달성했을 때는 일상에서 활용하지 못하고 지식적인 배움으로 끝났다. 보통 성장은 학(學)과 깃털의 무수한 날갯짓을 뜻하는 습(習)의 지속적인 실천이 현장의 경험으로 연결되어 더 깊어지고 넓게 확장된다.

하지만 그녀의 현실에서는 자신이 원하는 것보다 남과 비교하여 다른 이의 목적을 좇았던지라 그녀에게는 채워지지 않는 부족감과 허기가 여전했다. 알면 알수록 모르는 부분이 늘어나 배움에 대한 갈증이 더 심해지고 자신이 원하는 방향이 맞는지 중간에 멈추는 일이 잦았다. 그럼에도 그녀는 그런 과정을 통해 콩나물 시루의 콩나물처럼 조금씩 성장했다.

입사 초기에 딱 3년만 다니겠다고 했던 다짐과는 달리 그 3년이란 햇수가 일곱 번째인 21년차, 그해 성과는 바닥을 찍었지만 김 과장에게는 신세계로의 문이 열리는 특별한 해였다. 그녀는 자신이 회사에서 어떤 것을 잘할 수 있는지 궁금했다. 또 어떤 강점과 가능성이 있는지를 알아보고자 HR(Human Resource) 인력전문대학원 박사과정에 입학하면서 '코치'라는 새로운 직업군을 만났다. 한국코치협회에서는 코칭을 "개인과 조직의 잠재력을 극대화하여 최상의 가치를 실현할 수 있도록 돕는 수평적 파트너십"으로 정의했다. 코칭은 고객이 성장과 성숙의 과정에서 스스로 원하는 것을 이루고, 지금보다 멋지고 행복한 '나'가 되기 위해 코치와 고객이 협력하여 프로세스를 통해 목표를 설정하고 전략적인 계획 수립과 실천으로 결과를 성취할 수 있게 하는 여정이다. 코칭에 대한 이론과 프로세스는 이해가 됐지만, 코칭 실습 과정은 쉽지 않았다. 코칭 프로세스 체화는 차치하고 실습하기 위해서는 고객을 확보해야 했다. 회사원이니 동료들 모두가 고객이 될 수도 있겠다고 여겼지만, 막상 퇴근하기 바쁜 동료들에게 짧은 시간도 요청하기 어려웠다.

또 코치와 동료의 이중 관계가 더더욱 쉽지 않았다. 코치는 고객의 존재에서 시작하는 반면 동료는 그들의 업무 수준과 일의 결과에 기반하여 이야기를 나눠야 했던 거다. 그녀에게는 그런 역할의 태도 전환이 애매하고 어렵게 느껴졌다. 다행히 외부에서 함께 코칭 공부 하는 동기와 그녀를 이끌어주던 멘토 코치의 도움으로 무한한 가능성과 전인적인 인간이 기본 전제인 코칭 철학을 통해 그녀 자신을 돌아볼 수 있는 시간을 가졌다. 그리고 주변의 도움으로 실습하면서 연습 시간을 늘리고 부족한 부분은 조언받으면서 한국코치협회가 인정하는 코치 자격을 획득하게 됐다. 김 과장이 그 많은 시간과 열정을 들여 김 코치가 된 그

날이 코치로서의 출발점이었다.

김 코치는 먼저 재능기부로 진로가 고민이거나 학교생활을 잘 보내고 싶은 대학생을 대상으로 봉사 코칭 활동을 시작하면서 코칭 역량을 높였다. 처음에는 나누고자 하는 마음에서 진행했으나 그 시간은 도리어 그녀 자신을 돕는 시간으로 돌아왔다. 코치는 고객의 무한한 가능성을 믿고 질문을 통해 고객이 원하는 것을 찾을 수 있게 돕는다. 그리고 고객의 간절함이 실천을 통해 성공할 수 있도록 고객의 알아차림과 느낌이 있는 찰나의 순간을 함께한다. 이때 코치는 고객의 상태를 거울처럼 비춰주는 작업을 하며 이 과정에서 수기치인*처럼 코치 자신의 삶을 이해하고 인정해야 사회를 바라보고 대응하는 자신만의 축이 생긴다. 또 코칭을 실습하다 보면 그 이슈가 내 것인지 고객의 것인지 분명하게 구분되어야 고객이 진짜 바라는 대로 성장하도록 도울 수 있어 코칭 철학에 부합된다. 이 기준이 명확해야 고객을 객관적으로 볼 수 있고 바르게 비춰줄 수 있다.

김 코치는 평소 상대에 대해서는 이해하고 유연하게 대하는 편이나 자신에게는 기대 이상의 높은 기준을 적용했다. 또 그녀 스스로 인정해주지 않는 부분에 대해 다른 사람의 인정에 집착하는 행동 패턴도 있었다. 그녀가 성장을 위해 공부하면서 업무영역을 넓히는 것은 좋지만 타인의 인정에 집착하는 건 바람직하지 않다. 다른 이의 인정을 바라는 업무 활동은 그녀와의 비교나 경쟁으로 자신을 더 위축되게 하고 자칫 관계까지 불편해진다. 결국 다른 이의 목표를 좇아 설령 그 목표를 이뤘다고 해도 자신은 더 헛헛해질 것이 자명하다.

---

* 수기치인(修己治人): 스스로 수양하고 세상을 다스린다는 뜻

회사에 입사한 신입에게 선배는 홀수 연차를 조심하라고 조언한다. 연차가 올라가면서 업무가 어느 정도 파악되면 권태를 느끼게 되고 또 조직의 기대에 부응하기 위해 다음 단계에 도전하려면 부담이 크다. 하지만 이 시기를 잘 넘기면 업무에 적응해서 무리 없이 보낼 수 있고 회사에서는 그 단계를 직급으로 구분해 인정하고 축하해준다. 회사 부서장의 인정은 직원의 동기부여를 높여 업무 몰입도와 만족도 그리고 성과에 중요한 작용을 한다. 성공 경험을 통해 직원의 자존감이 올라가고 심리적 안정감을 느끼게 되면 일하면서도 만족감을 느끼게 되어 더 큰 업무를 이끌 수 있는 동력이 생긴다.

코치의 단계도 이와 비슷하다. 처음에는 기본 프로세스를 따르는게 중요하지만 조금 더 시간이 지나면 코칭 프로세스 외 코치의 태도와 마음가짐에 집중하게 된다. 코치는 고객과 함께 진정한 파트너로 존재해야 한다. 이렇게 기본기는 어떤 프로그램이나 어느 스텝에 가도 가장 중요한 요소이다. 또한 일상에서의 태도와 코칭의 태도가 일치할 때 가장 효과가 크다. 이 축을 중요하게 지켜야 코칭 과정에서 코치 자신을 온전히 인정할 수 있게 된다.

한국코치협회에서는 코치의 기본 역량을 코치다움과 코칭다움의 두 가지 축으로 구분하고 있다. 코치다움에는 윤리 실천, 자기 인식, 자기관리, 전문 계발을 두고 있으며, 코칭다움에는 관계 구축, 적극 경청, 의식 확장, 성장지원 항목이 있다.

코칭 철학에서 모든 사람은 창의적(Creative)이고, 온전성을 추구하고자 하는 욕구가 있으며(Holistic), 내면에 자신의 문제를 스스로 해결할 수 있는 자원을 가지고 있다(Resourceful). 이는 코치에게도 해당한다. 코치도 전인적인 온전한 인간으로 자신만의 존재를 인정하고 수용하면서 고객과 함께한다.

코치는 고객과의 건강한 관계를 유지하고 질문을 통해 고객이 자신을 객관적으로 볼 수 있고 통찰할 수 있도록 깨어 있는 상태에서 고객과 협력할 수 있도록 지원한다. 고객은 코치와 함께하는 시간을 통해 동기부여로 힘을 얻고, 자신의 자원을 확인하여 바로 실행할 수 있는 계획을 세워 하나씩 실천해나간다.

회사에서 관리자가 코칭을 배우면 어떻게 될까? 관리자의 코칭리더십*은 조직 현장에서 자연스럽게 조직구성원들에게 긍정적 영향력을 미치고 있다. 관리자의 적절한 코칭리더십의 발휘로 조직구성원은 조직에 대한 태도 변화뿐만 아니라 나아가 조직의 목표와 개인의 목표를 동일시할 수 있도록 이끌 수 있으며, 피드백을 통해 참여의식을 높일 수 있도록 지지와 격려로 조직구성원들을 충분히 이끌 수 있는 것이다.

---

* 김수정(2015), 「관리자의 코칭리더십과 조직유효성의 관계」, 박사학위논문.

자기 안의 답을 찾아가는 셀프 코칭 질문

- 근육 하나, 나는 언제 즐겁고, 누구와 있을 때 행복한가?

  _____

  _____

  _____

- 근육 둘, 나는 10년 후 어떤 모습이 되고 싶은가?

  _____

  _____

  _____

- 근육 셋, 그 모습을 하기 위해서 지금 어떤 일을 해야 하는가?

  _____

  _____

  _____

리더가 구성원에게 해줄 수 있는 코칭 질문

· 꿀팁 하나, 당신이 회사에 처음 입사했을 때 꿈은 무엇이었는가?

· 꿀팁 둘, 당신이 다른 사람보다 탁월한 것은 무엇인가?

· 꿀팁 셋, 당신의 꿈을 위해 지금 할 수 있는 것은 무엇인가?

2
작은 친절에 마음이 열리다

여러분은 평소 상대방에 대해 마음 열기를 어떻게 하고 있는지요?

외국계 기업에서 근무하는 김 대리는 대기업에 납품한 기계 설비를 현장 관리한다. 고가의 장비로 최상의 상태를 유지해야 불량을 최소화해서 제조 물량을 맞출 수 있기에 조금이라도 기계에 이상이 발생하면 바로 확인 작업을 해야 한다. 월급은 외국계 기업에서 받지만 일은 대기업 직원과 함께 하는 시스템이다. 그러므로 이곳에는 김 대리뿐만 아니라 다른 설비를 관리하는 다른 기업에서 온 직원도 많다. 사정이 그러다 보니 각자 소속은 물론, 보고하는 상사가 달라 같은 공간에 있지만 함께 어울리기 쉽지 않다. 반면 전체 제조 공정을 관리하는 대기업 제조 운영 부서의 방 과장은 어떻게 하면 각기 다른 소속이지만 함께 일하는 직원들이 하나의 팀처럼 마음의 거리를 좁히고 심리적 안정감을 얻을 수 있을지를 늘 고민한다. 같은 회사의 인사 제도와 조직문화에서 일해도 부서가 다르면 부서장의 리더십 영향을 받아 부서별 특성이 있기 마련이다. 하물며 다른 회사 사람들이 같은 공간이라는 하나의 상황만으로 마음을 열게 할 수 있을지도 의구심이 인다.

요즘 이상기온으로 연일 35도를 넘는 온도가 계속되고 있다. 식당에서 혼자 점심을 먹고 나온 김 대리는 평소라면 좋아하는 음악을 들으면서 회사 주변의 둘레길을 걸었을 텐데 오늘은 날씨가 더워 엄두가 나지 않았다. 그렇다고 점심 후 바로 사무실에 들어가서 일하기는 싫어 그가 잠깐 고민하는 사이에 운영 부서 방 과장이 그에게 인사한다.

방 과장: 대리님, 식사 잘하셨어요?

김 대리: 네, 과장님. 과장님도 맛있게 드셨어요?

방 과장: 날씨가 너무 더운데요. 우리 시원한 아이스 커피 한잔 할까요?

김 대리: 네, 상당히 덥네요. 그렇지 않아도 뭘 할까 고민 중이었는데 아이스 커피 좋습니다.

방 과장: 대리님, 제가 최근에 제조 건물동 뒤편에 더위를 피해서 쉴 수 있게 에어컨 빵빵하게 쉼터를 마련했습니다. 거기 가시면 어떨까요?

김 대리: 그래요? 처음 듣는데요. 그런 곳이 있었군요. 좋습니다.

방 과장: 요즘 날씨가 너무 더워서 어디 시원한 곳이 없나 고민하다가 찾아보니 작은 공간이 있더라고요. 그래서 제가 부장님께 말씀드려서 급하게 마련했는데 아직 홍보를 못 했습니다. 오늘 같이 가서 보시고 추가로 필요한 거 있으면 말씀해주세요. 제가 더 준비해보겠습니다. 그리고 주변 분들에게 홍보 좀 부탁드립니다.

김 대리:　네네, 저야 좋지요. 그 이야기를 들으니 과장님께 고마움이 느껴집니다. 사실 저희 같은 협력업체 사람들은 쉴 곳이 마땅치 않습니다. 요즘에는 날씨까지 더워서 점심 후에 시간을 어떻게 보낼까 고민이 많았습니다. 쉬어도 쉬는 것 같지 않고요. 그런데 이렇게 공간을 마련하셨다니 정말 감사합니다.

방 과장:　그러셨군요. 그렇게 말씀해주시니 저도 잘했다는 생각이 들어서 좋네요. 사실 제조동이 건축된 지 오래됐고 면적은 그대로인데 갈수록 장비의 크기가 커지면서 공간이 빡빡하거든요. 운영자로서는 다양한 편의시설을 갖추고 싶은데 마음처럼 쉽지 않더라고요.

김 대리:　아, 그럴 수 있겠네요. 저는 전체를 운영하는 방 과장님처럼 그런 생각은 못 했네요.

　두 사람은 만나기 전보다 더 편안해진 마음으로 점심시간이 끝난 후 각자의 자리로 돌아가 오후 일정을 보냈다. 김 대리는 시원한 점심시간을 보낼 수 있어서 좋았다. 방 과장은 김 대리와 이야기를 통해 회사 상황을 공유하니 평소에 미안했던 마음이 조금 가벼워졌고 또 조밀한 제조동 운영에 짜증보다는 애착이 생기는 듯했다. 그리고 방 과장은 협력사 직원을 위한 자신의 작은 생각과 행동으로 김 대리가 점심시간을 재충전할 수 있는 시간으로 활용할 수 있게 되어 뿌듯했고 무엇보다도 그와 조금 더 가까워졌다는 생각이 들어 기분이 좋아졌다. 이 경험을 통해 방 과장은 늘 어렵고 무겁게 느껴졌던 협력업체 직원에 대한 마음 열기가 조금 가벼워진 듯하다.

김 코치가 알려주는 관계 소통

위의 사례를 보듯 우리는 상대방을 향한 마음과 배려를 통해 서로의 노고를 덜어줄 수 있다. 이때 서로의 마음이 열린다. 이처럼 마음 열기는 아주 작은 친절에서 시작된다. 우리가 '마음 열기'라고 하면 관계가 친밀해야만 할 수 있다는 선입견이나 내가 먼저 다가갔는데 거절당하면 어쩌나 하는 두려움이 있다. 이는 마음 열기가 어렵게 느껴지는 이유이기도 하다. 코칭 장면에서도 마찬가지이다. 최근 사람을 이해하는 데 행동에 따라 뇌가 어떤 기능으로 작동하는지 뇌과학 관점에서 접근하고 이해하며 설명하고 있다. 뇌과학에서* 살펴보면 감정을 다루는 편도핵(Amygdala)은 처음 만나는 사람이 나를 도와주려는 아군인지 혹은 더 힘들게 하는 적군인지를 몇 초 만에 알아차린다. 이는 생존의 본능이라 무의식적으로 민감하게 발달되어 있다. 이 심리적 기제를 알고 상대를 대할 때 호감, 이해 그리고 상대를 기다려줄 수 있는 시간만 있다면 서로에 대한 신뢰, 라포 즉, 마음 열기의 시작점이 될 수 있다.

이렇게 마음 열기를 할 때는 일상에서나 코칭 장면에서 고객에 대한 호기심, 삶의 가치와 신념 그리고 고객이 진짜 원하는 욕구가 무엇인지를 염두에 두고 고객을 관찰해보자. 그 관찰을 토대로 함께 호흡의 리듬과 발걸음의 속도를 맞춘다면 긴장하지 않고 편안하게 고객을 향한 마음 열기가 될 것이다. 별처럼 무수히 많은 사람 중에 나와 코칭 파트너가 된 고객과의 만남은 호기심 가득한 고객의 세계를 마주하는 시간이 된다. 이렇듯 코치의 마음 열기와 알아차림은 거듭 강조해도 지나치지 않은 코칭의 첫 단계라고 할 수 있다.

---

* 주디스 E. 글레이저(2014), 『대화지능, 당신을 성공으로 이끌 한 차원 높은 대화로의 도약』, 김현수 옮김, 청림출판.

우리는 일상에서 다음의 4단계를 통해 알아차림을 시도하고 연습해볼 수 있다.

알아차림 단계

1단계: 상대에게 호감을 표시한다. (가벼운 인사)

2단계: 상대의 이야기를 들어준다. (경청)

3단계: 상대를 이해하고 수용한다. (존재)

4단계: 상대와 라포 형성으로 대화를 이어간다.

자기 안의 답을 찾아가는 셀프 코칭 질문

· 근육 하나, 상대를 생각하면 맨 먼저 드는 생각이나 느낌은 무엇인가?

_____

_____

_____

· 근육 둘, 나는 상대와 어떻게 지내길 원하는가?

_____

_____

_____

· 근육 셋, 내가 먼저 다가가려면 어떤 방법이 좋을까?

_____

_____

_____

리더가 구성원에게 해줄 수 있는 코칭 질문

- 꿀팁 하나, 당신이 많이 웃고 즐거웠던 때는 언제였는가?

- 꿀팁 둘, 당신이 최근에 가장 뿌듯하게 느꼈던 때는 언제였는가?

- 꿀팁 셋, 당신이 일하면서 도움을 받고 싶은 것은 무엇인가?

김 코치가 알려주는 관계 소통

3

공감과 신뢰가 주는 위로

여러분은 평소 공감을 어떻게 하는지요?

내유외강인 이 부장, 그는 다른 사람에게는 예의 바르고 상대를 배려하는 태도가 몸에 밴 사람이다. 그런 사람이 자기관리도 잘하여 이 부장이 어디에 있든 그가 있는 자리는 늘 군계일학처럼 빛이 났다. 그런 이 부장이 임원 승진에서 고배를 마셨다. 그 영향이었을까. 이 부장은 임원 승진 발표 날부터 2주 동안 휴가를 사용했고 지금까지도 아무 소식이 없다. 부서 사람들이 그의 승진 누락에 자기 일처럼 속상해하면서 한편으로 왜 그가 출근하지 않는지 무슨 나쁜 일이 있는 건 아닌지 궁금해한다. 퇴근 무렵 김 코치에게 이 부장으로부터 밖에서 만날 수 있는지 연락이 왔다. 그는 긴 휴가를 내놓고 마땅히 갈 곳도 없고 마음은 우울하고 답답해서 이야기 상대를 찾았고, 김 코치는 다른 일을 제쳐놓고 시간을 내어 약속을 잡았다.

이 부장: 제 이야기는 이미 아실 테고요. 나름 열심히 한다고 했
는데 임원 승진에서 미끄러지니 살아가야 할 목표가 사
라져서 아무것도 할 수가 없네요. 나름 마음을 다잡고
다시 출근하려고 하는데 허망하고, 몸에 기운이 빠져서
무기력 상태입니다. 병원과 한의원 모두 다녀봤는데 특
별하게 아픈 곳이 없다고 하니 참으로 난감합니다. 부
모님과 같이 살고 있어서 집에 들어갈 수도 없고요. 임
원 승진에 누락됐다면 부모님께서 크게 실망하실 거라
지금까지 말씀을 못 드리고 출장 핑계 대면서 밖으로
돌고 있습니다.

김 코치: 그러셨군요. 그간 많은 생각이 드셨을 듯합니다. 부모
님이 댁에 계셔서 밖으로 돌고 계신다니 몸도 매우 피
곤하실 듯합니다. 그런데요, 부장님. 만약 첫째 아이가
승진에서 떨어졌다고 하면 아이에게 뭐라 말해주고 싶
으신지요?

이 부장: 음…. 그아 아주 속상하겠지만 괜찮다고 이야기해줄 것
같습니다. 그건 과정이지 끝이 아니니까요. 다시 도전
하면 된다고 할 것 같아요.

김 코치: 그러시군요. 주변에는 이리 관대하신 분께서 자신에게
는 왜 이리 혹독하실지요?

이 부장: 네? 저 자신에게는 혹독하다고요?

김 코치: 네, 제가 부장님 말씀 듣고 또 평소에 느꼈던 게 있는데
말씀드려도 될는지요?

이 부장: 네, 저야 김 코치님을 오래전부터 알아왔고 또 코치님에
대한 신뢰가 있으니 어떤 말씀을 하셔도 믿겠습니다.

　　　　　　　　　　　　　　　김 코치가 알려주는 관계 소통

김 코치: 그리 말씀해주시니 감사합니다. 제가 지켜본 부장님은 평소에 다른 사람에게는 참으로 관대하고 후한데요. 자신에게는 엄격한 듯하세요. 이 말 들으시고 어떤 느낌이 드세요?

이 부장: 머리가 멍하니 아무 생각이 없습니다만 그 말을 들으니 되게 슬퍼지네요. 몸 안에서 뭔가가 울렁이는 것 같아요. 왜 이런지 잘 모르겠어요.

김 코치: 그게 무엇일까요? 무엇이 그렇게 부장님을 꾹꾹 누르게 했을지요?

이 부장: 사실 제가 장남으로서 부모님을 기쁘게 해드려야 한다는 그 신념 하나로 지금까지 살아왔는데요. 제가 하는 행동 하나하나가 부모님께 누가 되지 않게 해야 한다는 생각이었습니다.

김 코치: 그러셨군요. 그래서 그렇게 자기관리가 철저하셨군요. 만약 그렇게 안 살았다면 어떻게 됐을까요?

이 부장: 네? 그렇게 안 살았다면요? 글쎄요, 그리 생각해본 적은 없었습니다만 그래도 부모님께서 저를 장남으로 대해주지 않았을까요?

김 코치: 네, 그러셨을 듯합니다. 부장님, 지금 기분이 어떠세요?

이 부장: 기분이요? 몸이 따뜻해지면서 뭔가 확 뚫려 시원한 느낌입니다. 기분이 좀 묘하긴 합니다만, 부모님과 아내가 갑자기 보고 싶어서 빨리 집에 들어가야겠습니다. 김 코치님, 감사합니다. 저 내일 출근합니다. 제가 밥 한번 살게요.

김 코치는 안도하는 미소로 집을 향해 걸음을 내딛는 이 부장의 뒷모습을 보면서 코끝이 찡했다. 평소에 자기관리가 철저하고 상대를 배려하는 태도가 부모님을 향한 효심에서 출발했고, 그 효심이 강한 신념으로 자리하여 그를 무의식적으로 누르고 있었다니 놀라웠다. 한 개인이 갖는 신념은 그 인생의 방향성을 찾게 하는 나침반이자 동시에 일상의 자극에서 중심을 잡기 위해 흔들리는 빨간 바늘같이 느껴졌다.

김 코치의 코칭 사례에서 코치가 공감으로 고객의 마음을 어떤 방식으로 위로하는지 배울 수 있었다. 그리고 공감은 상대가 어떤 기준으로 삶을 바라보고 살아왔는지 상대를 이해하고 수용하면서 상대의 세계를 만날 수 있게 한다. 또 이 과정에서 역할뿐만 아니라 개인과 개인의 만남으로 친밀함과 상호 신뢰가 더 탄탄해져 관계가 더욱 돈독해지고 풍성해진다.

상대방의 이야기를 듣고 호응해주는 두 가지 방법이 있다. 공감과 동감이다. 비슷한 것 같지만 바라보는 초점의 기준이 다르다. 평소 자신이 자주 해주는 호응은 어떤 종류인지 확인해보면 자신의 대화 패턴을 알 수 있다. 그리고 상대의 표정을 한번 자세하게 관찰해보자. 어떤 호응에 상대가 행복해하는지, 더불어 어떤 방법이 내 마음을 잘 전달하는지 말이다.

감수성 훈련 전문가인 지운 유동수에 의하면,[*] 공감(Empathy)은 감정을 느끼는 상대를 바라보면서 공명(Resonant)하는 에너지를 느끼는 것으로 그 사람의 감정이나 상황을 이해하는 것이다. 상대가 어떤 감정을

---

[*]   유동수(2008), 『감수성 훈련 진정한 나를 찾아서』, 학지사.

느끼는지 인정하고 수용하는 것을 의미하며, 상대와의 정서적 연결에 도움이 된다. "많이 속상하시겠어요", "그러셨다면 무척 힘드셨겠어요", "정말 좋으셨겠어요" 등이 있다.

반면, 공감과 비슷하게 생각되는 동감(Sympathy)이 있다. 이는 상대의 어려움과 슬픔을 동정하고 위로하는 감정으로, 자기 경험을 바탕으로 상대의 어려움을 이해하는 자기중심적인 관점이다. 자신의 과거 경험과 상대의 감정이 뒤엉켜 온전하게 상대방의 정서적 연결에 도움이 되지 않는다. "맞아요, 그럴 때 정말 힘들어요", "얼마나 힘들었을까요. 저도 그런 경험이 있어서 잘 알아요" 등으로 표현된다. 공감과 동감 모두 상황에 따라 사람의 마음을 따뜻하게 만들어준다.

자기 안의 답을 찾아가는 셀프 코칭 질문

- 근육 하나, 나는 상대의 말에 어느 정도 호응해주는 편인가?

- 근육 둘, 내가 하는 호응은 공감인가 동감인가?

- 근육 셋, 그런 호응을 하면 상대의 반응은 어떠한가?

리더가 구성원에게 해줄 수 있는 코칭 질문

- 꿀팁 하나, 당신이 공감받고 있다고 느낄 때는 언제인가?

- 꿀팁 둘, 당신이 선호하는 공감 스타일은 무엇인가?

- 꿀팁 셋, 자신만의 공감 스타일은 구체적으로 어떤 것인가?
  (상대를 마주하는 시선, 몸 방향, 목소리 톤, 추임새를 넣어주는지,
  고개를 끄덕여주는지 등)

4
인정하고 수용하기

여러분이 원하는 성공은 어떤 모습인지요?

재무팀 이 대리는 입사 후 줄곧 퇴근 후 뭔가를 배우러 다닌다. 그렇지 않으면 뒤처지는 듯 불안하다. 사실 그녀는 대학 4년 동안은 입사스펙을 쌓기 위해 도서관에서 지냈고 졸업 후에 원하는 기업에 입사했시만, 마음의 여유는 학생 때보다 더 없다. 그녀 생각엔 주변 동기들 실력이 출중했고 자신이 가지고 있는 역량은 너무 낮아 보였다. 그래서 동기들이 배우고 있는 항목들을 정리해서 하나씩 섭렵하기로 계획을 잡았다. 그러다 보니 여전히 바쁘게 살고 있다. 김 코치는 그런 이 대리가 어떤지 그녀를 만나러 갔다.

김 코치: 며칠 전에 영어회화 2등급 합격했다는 소식을 들었어요. 그래서 축하해주려고 왔지요. 영어회화 2등급이면 많이 노력했을 것 같아요. 이 기준이면 회사 인사에서 제공하는 MBA나 인재개발 프로그램을 신청할 수 있겠

어요.

이 대리: 감사합니다. 그런데 저는 하나도 기쁘지 않아요. 제 주변 동기 중 회화 1등급을 보유하고 있는 친구들이 많아서 1등급까지는 획득해야 제 마음이 편할 것 같아요. 저는 여전히 부족합니다.

김 코치: 네에, 바쁘다, 시간 없다고 하면서 지속해서 배우는 걸 보면 뭔가 대리님에게는 중요한 것이 있는 것 같아요.

이 대리: 네, 사실 계획을 세워서 배우는데 계속 부족감이 들고, 배우는 항목은 늘어나는데 제가 진짜 무엇을 잘하는지 잘 모르겠어요. 그래도 뭔가를 배우고 있는 동안에는 뭐라도 하고 있다는 생각에 조금 안심되는 것 같아요.

김 코치: 그렇군요. 이 계획들이 모두 이루어진다면 대리님은 어떻게 되어 있을까요?

이 대리: 제가 계획한 것이요? 모두 이루어진다면⋯.

김 코치: 네, 대리님이 계획한 일들이 모두 이루어졌다면요?

이 대리: 사실 제가 계획을 세우긴 합니다만 동기들이 하는 것들을 따라 하는 거라 막상 그것을 성취하면 기분이 좋아야 하는데 그냥 덤덤해요.

김 코치: 네, 덤덤한 기분이군요. 왜 그럴까요?

이 대리: 그러게요. 나름 시간 쪼개가면서 노력하는데 기뻐야 하는데 그렇지 않아요. 음⋯, 아마도 제 것이 아니라는 느낌이 들어서 그런 것 같아요.

김 코치: 내 것이 아니라는 느낌이 드셨군요. 혹시 그 말은 남의 숙제를 하는 기분일까요?

이 대리: 아, 남의 숙제, 남의 옷. 그 단어가 딱 맞을 듯합니다.

김 코치: 성실하고 꾸준하게 배우고 이룬 결과물은 오롯이 대리님 것입니다. 목표 설정에 대한 아쉬움은 있지만, 지금부터 다시 대리님이 진짜 무엇을 원하고 또 무엇을 하고 싶은지를 확인하고, 1년이나 3년 후에 어떻게 변화하고 싶은지를 하나씩 생각해나가면서 나란 작품을 만들어가면 어떨까요?

이 대리: 와우, 멋진데요. 코치님과 이야기를 나누다 보면 제 자신과 만나는 느낌이 들어요. 제 존재를 확인하는 기분이에요. 코치님 정말 감사합니다.

김 코치는 이 대리와 이야기를 나누고 자리로 돌아오면서 이 대리에게서 과거 자기 모습이 보였다. 앞만 보고 끊임없이 배우고 많은 것을 채웠다. 그 결과물에 대해 주변에서는 부러워했지만 정작 자신은 행복하지 않았고 배울수록 부족감과 헛헛한 마음이 컸다. 코칭을 만나 배우고 코치가 되기 위해 실습하는 과정에서 자신의 것이 충족되지 않는다는 생각이 들었다. 이런 갈증으로 김 코치는 고객을 객관적으로 볼 수 없었다. 그녀가 코칭을 생각하면서 보냈던 시간이 500시간이 넘는다. 인증 전문 코치가 되는 시간을 보내며 주변 코치들에게 도움을 청했고 멘토 코치와 동료 코치들의 도움에 조금씩 자신을 돌아볼 수 있었다. 그리고 자신을 수용하고 인정하는 시간을 가졌다. 그녀는 마음 수련 하듯 코칭 공부 하며 다른 사람의 것이 아닌 자신의 것, 그래서 자신만이 만들 수 있는 작품을 위해 방향성을 잡고 하나씩 만들어가던 시간이 떠올랐다. 무엇보다 김 코치 자신을 스스로 인정했다는 것이 그녀에겐 큰 의

김 코치가 알려주는 관계 소통

미였다.

이렇게 자기를 수용하는 것은 자신이 해왔던 작은 노력까지 인정해주는 것에서 시작한다. 자신을 인정하고 수용하는 경험은 고객으로 하여금 자기 자신을 수용하고 인정하게 한다. 코치의 인정과 수용은 평가하고 판단하고 비교하는 대신, 고객이 스스로 자신에게 질문하게 만든다. 또한 고객이 그 내용을 받아들일 수 있는 상태이거나 마음의 여유가 있다는 생각이 들 때 그리고 고객이 원할 때 간결하게 진행한다. 칭찬은 고객이 원하는 방향을 잡고 어렵더라도 조금씩 앞으로 나아가고 있다는 것을 보여줄 때 바로 한다. 이러한 근거에 따른 칭찬은 배가 된다. 칭찬할 때 왜 칭찬하는지 자세한 설명이 된다면 상대방도 이해가 되어 편하게 누릴 수 있다. 또 너무 과하거나 약해도 진정성이 떨어진다. 사실적으로 표현하는 것이 좋다. 고객에게 칭찬하는 방법은 다양하다. 고객이 어떤 칭찬을 받길 원하는지도 사전에 알아두면 효과적이다.

자기 안의 답을 찾아가는 셀프 코칭 질문

- 근육 하나, 내가 온전히 집중하면서 하는 일은 무엇인가?

_____

_____

_____

- 근육 둘, 나는 어떤 부분에서 좋은 성과가 나오는가?

_____

_____

_____

- 근육 셋, 내가 지속해서 배우고 있는 것은 무엇인가?

_____

_____

_____

리더가 구성원에게 해줄 수 있는 코칭 질문

- 꿀팁 하나, 당신이 받고 싶은 칭찬과 인정은 무엇인가?

  _____

  _____

  _____

- 꿀팁 둘, 당신이 조직에서 생각하는 성장은 어떤 모습인가?

  _____

  _____

  _____

- 꿀팁 셋, 당신의 성장을 위해 우리가 함께 할 수 있는 것은 무엇인가?

  _____

  _____

  _____

5
지지와 격려로 날개 달기

여러분이 유레카라고 외친 순간은 언제인가요?

마케팅팀의 최 차장은 자신에게 주어진 역할을 충실하게 수행하는 건 물론이고 일의 우선순위를 정해 많은 업무도 한 번에 처리할 수 있는 능력자이다. 그뿐만 아니라 자기 업무와 겹치는 영역의 일도 찾아서 하다 보니 전체를 보는 안목이 생겼다. 어느 조직에서나 일을 잘하는 사람에게 일이 몰리기 마련이지만 그녀는 여러 부서의 요청에도 불평 없이 적절하게 협력하는 모습을 보여줬다. 그러다 보니 그녀는 함께 일하고 싶은 선후배로 꼽혔다.

그런 최 차장에게도 생각하면 답답해지는 가정의 상황이 있었는데 IMF 경제공황 때 남편이 실직한 후 20여 년이 년이 지난 지금까지도 제대로 된 직장을 잡지 못해 줄곧 최 차장이 경제적 가장이 되어야 했던 거다. 남편 또한 여러 차례 구직을 위한 도전을 해왔으나 번번이 실패의 쓴맛을 봤다. 그 모습을 지켜보는 최 차장도 낙담했지만, 구직을 못 하는 남편은 얼마나 힘들까 하는 생각에 그 마음에 더 신경이 쓰였다. 최

김 코치가 알려주는 관계 소통

차장은 자신의 마음을 살피기보다는 함께하면 어려운 일도 충분히 이겨낼 수 있다고 남편을 독려했다. 그러면서 남편이 포기하지 않도록 응원과 지지를 계속 보내며 가족의 화목함에 중점을 두었다. 또 최 차장은 행여 아이들이 그런 분위기에서 위축되지 않을까도 염두에 두었다. 그래서 아이들과 음식을 만들거나 대화로 안정적인 가정환경을 만들어주려 노력했다.

그런 최 차장의 노력 덕분에 가정은 안정적인 정서를 유지할 수 있었고, 최 차장 부부에게도 어느 정도의 위로는 됐다. 그러나 최 차장은 남편의 실직으로 인해 좀처럼 나아지지 않는 가정형편에 지쳐갔고 때로는 알 수 없는 감정이 올라왔다.

그 감정은 가정 상황이 그러한데 회사의 승진은 욕심이라 여겨 도전하려는 마음을 내려놓았던 것에 대한 억울함이었던 거다. 번데기에서 나비로 화려하게 변화하며 성장하는 동기를 볼 때 최 차장은 자신의 처지에 힘이 빠졌다. 승진에 신경을 쓰기보다 가정을 책임지고 이끄는 것에 주력하겠다는 자신의 선택이 최선이었다고 생각했지만, 누구보다 일에 대해 열정적이었던 그녀에게는 직장에서의 답보상태가 몹시 답답하고 묵직한 것에 짓눌려 있는 듯한 억울함으로 다가온 거다. '가정만 아니었으면 나도 애벌레에서 나비로 변화할 수 있었을까?' 최 차장은 자문자답을 수없이 반복하다 가정의 위기를 묵묵하게 견디고 버텨온 자신이 문득 대견하기보다는 불쌍하게 여겨졌다.

위의 이야기는 왠지 모를 억울하고 답답한 감정을 주체하기 어려워진 최 차장이 사내 김 코치를 찾아와서 들려준 이야기다.

김 코치: 아, 그런 상황 속에 계셨군요. 일을 늘 잘하신다는 소문에 전혀 몰랐네요. 매우 힘드셨을 듯합니다. 그런데도 남편분과도 잘 지내고 계시고요.

최 차장: 네, 만약 주변에서 말하듯 제가 남편에게 경제적 가장 역할을 강하게 요구했다면 지금 저희 가정은 존립하기 힘들었을 거 같았으니까요. 그냥 제 힘든 감정을 참으면 참았지, 불편하게 하고 싶지 않았어요. 그래서 남편의 문제는 주체적으로 선택하게 하고 제가 경제적 지원을 하는 선택을 했는데 막상 그 시간이 마냥 길어지고 계속 책임을 지게 되니 너무 힘이 들었어요. 누구 탓도 못 하면서요.

김 코치: 그러셨군요. 남편분에 대한 이해와 또 상황에 대한 최 차장님의 양가감정이 그대로 느껴집니다. 지금 차장님께서 남편에 대한 마음을 말씀하시면서 또 자신의 이야기를 들으셨을 텐데요. 어떻게 느껴지세요?

최 차장: 그리게요. 제가 남편을 이렇게 생각하고 있는지 몰랐어요. 그런데 이야기하다 보니 남편이 조금 부러워지네요. 하, 저도 저랑 같은 마음을 가진 아내가 있었으면 좋겠다는 생각이 들어서요.

김 코치: 하하, 저도 같은 생각입니다. 차장님 같은 분이 삶의 파트너라면 든든할 것 같아요. 한편으로는 차장님이 나서서 해결할 수 있는 일이 아니기에 무력감도 느끼실 듯합니다. 그렇게 열심히 살아오신 차장님 자신에게 뭔가를 해주고 싶다면 무엇을 해주고 싶으세요?

최 차장: 음…, 제게 말이죠? 그렇다면 지쳐 있는 저를 보며 속상

하고, 또 많이 안쓰러울 것 같네요. 그래서 우선, 안아서 토닥여주고 싶어요. 또 잘하고 있으니 언젠가는 이 힘든 상황이 꼭 힘듦으로가 아니라 보람으로 오는 순간도 만날 수 있으니 이겨내보자고요.

김 코치: 네에, 꼭 최 차장님을 잘, 많이 토닥여주고 얼마나 스스로가 잘해왔는지도 느껴보시면 좋겠어요.

최 차장: 네, 사실 여러 할 일에 쫓긴 저를 돌아보니, 남은 잘 살펴주고 위로해주는 말을 늘 해오면서 정작 나를 위한 위로는 생각조차 하지 못했어요. 지금 잠깐인데도 뭔가 맺혔던 것들이 하나씩 풀리는 느낌이 드는 게 신기하네요.

김 코치: 맞아요. 현대의 직장인, 특히 워킹맘, 그중에서도 최 차장님은 더 특수 상황이었으니 얼마나 힘드셨겠어요. 제가 그간 외적으로 봐온 차장님은 업무도 탁월하고, 인간관계도 베스트로 꼽히는 분이니 그 무게가 더 무거우셨겠지요. 이제 제일 먼저 스스로와 말하는 시간, 즉 따듯한 위로를 건네는 시간을 더 늘리시면 좋을 듯해요. 지금의 경험이 힘이 되신다니 말입니다.

최 차장: 네, 저에게 꼭 필요한 말이었네요. 이래서 사람들이 김 코치님에게 대화를 청하는 거구나 싶어요. 생각보다 무척 좋은, 마음이 편해지고 가벼워지는 시간이었어요. 고맙습니다.

김 코치: 네에, 도움이 되셨다니 제가 더 고마운 일이네요. 언제든 또 힘드실 때 찾아오세요. 저도 멀리서나마 늘 응원할게요. 그리고 남편분께도 한번 안아달라고 요청해보세요. "나 너무 힘든데 당신이 마음으로 한번 안아주면

힘이 될 거 같다"고요.

최 차장: 아, 할 수 있을지 모르겠지만 그것도 기억해둘게요. 아
무튼 여러 가지로 고맙습니다. 김 코치님도 우리 회사
에 꼭 필요한 분이니 늘 건강하세요.

김 코치는 그렇게 인사하고 돌아서는 최 차장의 등을 바라보며 무
한한 응원을 보냈다. 통계청 자료에 의하면,* IMF 이후 '경제적 이유'로
이혼한 부부의 비율이 1998년 6.6%에서 2005년 14.9%로 늘어났으며,
대략 네 가구 중 한 가구가 IMF 이후 가장이나 가구원이 실직했던 것으
로 나타났다. 그런 경제 상황에서 자신이 선택한 일을 감당하는 최 차장
은 스스로의 가치인 책임과 신뢰에 우선한 삶을 살아내고 있어 김 코치
는 안쓰럽고도 대견했다. 단지 우려되는 건 알아차리지 못하고 내내 쌓
아두었던, 참아온 감정이 분노로 표출될 수도 있다는 거다. 그러니까 그
감정이 분노로 옮겨가기 전에 오늘 같은 시간을 반드시 많이 만들 필요
가 있다.

오늘 같은, 누군가에게 마음을 열어야겠다고 생각하는 이런 순간.
그녀에게 이런 상황은 해결되지 않아도 스스로 마음을 보듬어주는 '아
하 순간'이다. 그렇게 해야 한다는 알아차림이 일어나는 순간, 심리적으
로 여유가 생기고 그에 따라 다음 행동을 할 수 있게 하는 에너지와 용
기가 생기는 거다.

---

* 통계청(2009. 2), 「이혼율의 변화와 사회적 결과」.

김 코치가 알려주는 관계 소통

누군가 이렇게 하기 어려운 이야기를 털어놓을 때, 또는 무엇인가를 선택하겠다고 결심한 사람들에게 우리는 지지와 격려를 어떻게 해주면 좋을까? 감수성 훈련 전문가는 지지란* 상대가 어떤 것을 해보겠다고 마음을 먹고 다짐할 때 그 결심을 강화하는 방법으로 동기부여가 일어날 수 있도록 긍정의 힘을 실어주는 것이라고 말했다. 또 격려는 상대가 실패하거나 좌절했을 때 그 아픔을 함께 공감해주고 수용하면서 실패의 원인을 함께 찾아주는 거다. 그래서 다시 도전할 수 있도록 방향과 목적을 구체적으로 세워 용기를 불러일으킬 수 있도록 안내하는 거다. 그러니 우리에게 누군가 찾아오면 그 사람이 무엇을 원하는지를 귀를 열고 잘 듣는 게 우선이다.

---

* 유동수(2008), 『감수성 훈련 진정한 나를 찾아서』, 학지사.

자기 안의 답을 찾아가는 셀프 코칭 질문

• 근육 하나, 내가 나에게 해주고 싶은 격려 한마디는 무엇인가?

_____

_____

_____

• 근육 둘, 목표를 달성하기 위해 할 수 있는 것과 할 수 없는 것은
  무엇인가?

_____

_____

_____

• 근육 셋, 가장 쉬운 것부터 해본다면 어떤 것을, 언제 할 수 있는가?

_____

_____

_____

김 코치가 알려주는 관계 소통

리더가 구성원에게 해줄 수 있는 코칭 질문

- 꿀팁 하나, 당신의 문제 해결이 어렵게 느껴진다면 주변에서 누가 해결에 결정적 도움을 줄 수 있을까요?

- 꿀팁 둘, 당신이 존경하는 선배라면 이 문제를 어떻게 해결했을까?

- 꿀팁 셋, 당신이 실천했다는 것을 어떻게 확인할 수 있는가?

6
알아차림에서 반복 실행까지

여러분은 자신의 변화와 성장을 어떻게 알 수 있나요?

코칭은 프로세스가 있는 대화로 고객이 원하는 삶이나 목표가 무엇인지 인식할 수 있도록 질문을 통해 고객을 돕는 활동이다. 더불어 코치는 코칭 철학의 기본인 고객에 대한 무한한 신뢰와 성장 가능성으로 고객을 바라보고 응원한다. 또 코치는 코칭 섹션을 마무리하며 마지막 질문을 통해 고객이 코칭을 받은 시간을 돌아보게 하고, 이를 반영하고 실행할 수 있도록 한다.

예를 들면,

- 오늘 코칭에서 새롭게 발견한 것은 무엇인지요?
- 무엇을 느끼셨나요?
- 성과는 무엇인가요?
- 무엇이 가장 기억에 남는지요?

• 코칭을 시작하기 전과 코칭이 끝난 지금 변화가 있다면 무엇인가요?

위의 질문은 코칭을 진행하며 고객이 힘들었거나 알아차린 점, 좋았거나 변화된 점, 또 개선하고 싶은 점을 정리해보며 고객이 원하는 모습에 가까이 다가갈 수 있도록 돕는 질문이다. 코치는 이처럼 고객이 목표에 따른 구체적인 실행 계획을 잘 진행할 수 있도록 코칭의 전 과정을 꼼꼼히 되돌아보며 앞으로 무엇이 중요한가를 다시 되짚어가는 과정을 돕는다. 필요에 따라서 심리적 안정감의 울타리인 코칭 장면에서 롤플레잉을 통해 고객이 생각하는 방법으로 시도해보게 하는 것도 많은 도움이 된다. 이는 고객이 머리로 알아차리는 것에서 그치지 않고 가슴을 지나 손과 발로 실행에 옮기는 도전이 시작되는 중요한 시점으로 자기 내면의 근육을 단련하는 기회가 된다.

코치는 이 시간을 통해 고객이 기존에 해보지 않았던 도전에 따른 막연한 두려움과 심리적 불안감을 이겨내고 용기를 갖고 시도해볼 수 있도록 코칭 장면에서 고객이 보여준 강점과 경험을 칭찬과 지지 그리고 격려로 고객에게 되비춰준다. 또한 고객이 지닌 주변 자원은 무엇이 있는지와 어떻게 활용하면 좋을지 등의 질문을 통해 사고의 확장을 도울 수 있다.

김 코치는 그간 최 대리와 진행했던 코칭 과정을 마무리하게 됐다.

김 코치: 대리님, 이제 코칭을 마무리하려고 하는데요. 오늘 코칭 과정에서 무엇을 느끼셨나요?

최 대리: 음, 제가 상대에 대한 관심과 더 성장했으면 하는 마음이 있어도 표현하지 않으면 상대는 제 마음을 알 수 없다는 걸 알았습니다.

김 코치: 아하, 그걸 아셨네요. 대리님에게 아주 중요한 대목인데 대리님 목소리를 통해 그 내용을 들으니 코치로서 더없이 기쁘고 반갑습니다.

최 대리: 그러니까요. 저도 그걸 알게 돼서 마음이 가벼워진 거 같아요. 고맙습니다. 예전이라면 그냥 속으로만 생각했을 텐데요. 이제 생각만 하지 말고 조금이라도 제 마음을 잘 표현해봐야겠다는 다짐을 해봅니다.

김 코치: 네에, 아주 좋네요. 그러면 제일 먼저 마음을 표현해본다면 누구에게 하고 싶으세요?

최 대리: 사실 또 과거처럼 물러설까 봐서 이번에는 제 자신에게 도전하는 마음으로, 잦은 오해로 감정이 상했던 경리부서 박 대리에게 이야기해보려고 다음 주 월요일에 약속을 잡았습니다.

김 코치: 아, 벌써요? 역시 최 대리님의 실행력은 여기에서도 빛나는군요. 이 도전이 최 대리님에게 쉽지 않겠지만, 마음을 진정성 있게 표현한다면 그간의 오해가 풀려서 그분과도 예전처럼 동료애나 어쩌면 우정이 더 쌓일 수도 있을 듯해요.

한결 가벼운 마음으로 돌아서는 최 대리를 보며 김 코치는 최 대리의 첫 번째 도전이 작은 성공이 되어 예전처럼 동료와 좋은 관계를 회복하기를 바랐다. 또 나아가 편안한 소통의 관계로 조직에서 원하는 일에

　　　　　　　　　김 코치가 알려주는 관계 소통

집중하고 성장해 나갈 수 있기를 응원했다.

최 대리의 경우처럼 오해가 쌓여 불통이 된 관계를 스스로 해결하려는 경우도 있다. 또 내가 무엇 때문에 불편한지를 적극적으로 해명하는 대화방식을 선택해 '나를 이렇게 대해주세요'라고 협조를 요청하기도 한다. 이처럼 말하지 않고 속으로만 감정을 쌓아두어 외면적인 모습으로만 서로를 안다고 생각해 오해가 쌓이는 경우는 직장생활에서 다반사로 일어난다. 그러므로 자신이 원하는 욕구를 정중하게 표현하는 훈련은 모두에게 필요하다. 그래야 건강한 대인관계를 이어나갈 수 있다.

이렇게 코칭에서 반영과 실행은 직접 실천과 연결되는 단계로, 어떻게 실행할지 구체적인 계획을 세워 필요한 건 무엇인지 알 수 있는 중요한 단계이다. 또 누구에게 도움을 요청할 수 있을지 등을 파트너 코치와 코칭 과정에서 확인하고 준비해 한발 앞으로 나아가기 위한 용기를 충만하게 하는 인큐베이팅 단계라 할 수 있다.

계획을 실행하고 싶을 때 하는 질문

자기 안의 답을 찾아가는 셀프 코칭 질문

• 근육 하나, 내가 진짜 원하는 것은 무엇인가?

• 근육 둘, 그것이 내게 얼마나 중요한가?

• 근육 셋, 그것을 하면 내게 어떤 변화가 기대되는가?

김 코치가 알려주는 관계 소통

- 꿀팁 하나, 당신이 달성하고 싶은 목표는 무엇인가?

  _____

  _____

- 꿀팁 둘, 당신이 그 목표를 달성하기 위한 구체적인 실천 방안은

  무엇인가?

  _____

  _____

- 꿀팁 셋, 당신의 성공 경험을 바탕으로 지속해서 실천하는 방법은

  무엇일까?

  _____

  _____

  _____

7

신뢰가 기본

여러분이 생각하는 신뢰는 어떤 모습인지요?

　김 코치를 찾아온 최 팀장의 어깨는 축 처져 있었다. 평소 활기차 보이던 그의 에너지를 느낄 수 없어 김 코치는 무슨 일이 있었는지 걱정됐다.

최 팀장:　김 코치님, 저 왔어요.

김 코치:　팀장님, 오늘 많이 힘들어 보이시네요.

최 팀장:　네, 오늘은 무척 힘든 하루네요.

김 코치:　무슨 일 있으셨어요?

최 팀장:　그게요, 우리 팀 이 대리가 업무 시간 중에 30분이나 자
　　　　　리를 비웠기에 어디를 다녀왔나 했더니 신입사원을 데
　　　　　리고 휴게실에서 시답지 않은 이야기를 하고 있더라고
　　　　　요. 한창 바쁠 때인데 그것도 막내를 데리고 있었다는
　　　　　게 이해가 안 됐어요. 그래서 이 대리에게 왜 그랬는지

　　　　　　　　　　　　　　　김 코치가 알려주는 관계 소통

물었더니 이 대리 말이 업무 다 하고 막내와 친분을 쌓으려는데 그게 뭐 잘못이냐고 외려 제게 따지듯 하더라고요. 참 나, 어이가 없어서.

김 코치: 그런 일이 있으셨군요. 황당하셨겠네요.

최 팀장: 네, 팀이 바쁠 때는 팀원 몫을 하면서 팀의 시너지를 내야 하고 이 대리가 커버해야 할 일들도 있는데, 자기 일 다 했다고 하니 이 사람이 자기 역할을 알고 있는 사람인가라는 생각까지 들더라고요.

김 코치: 네에, 그런 생각이 들 수 있겠네요.

최 팀장: 진짜 이렇게 팀에서 일어나는 소소한 일을 다 챙겨야 하니 학교 담임선생도 아니고 죽을 맛입니다. 또 며칠 전에는 화장실에 가서 안 돌아오는 겁니다. 시시콜콜 묻는 게 쪼잔한 것 같아 한참을 망설이다 어디 아프냐고 물었더니 대뜸 화장실 가는 시간까지 재고 있냐고 하더라구요. 그러니까 이 대리 눈에는 하나에서 열까지 근무시간을 재는 상사로 비치는 거잖아요. 그냥 속상해서 요즘 흡연량이 늘었어요. 그래도 저는 직원들에게 회사의 룰이나 역할을 일깨워주어 근무태만으로 가지 않도록 길잡이를 해주는 것이 팀장의 역할이라 생각합니다. 개인적으로 직원들이 저를 싫어한다 해도 제가 하지 않으면 누구에게 그런 걸 배울까 싶어요. 코치님, 그렇지 않습니까?

김 코치: 팀장님을 싫어하더라도 팀장의 역할에 충실해야겠다는 말씀이시네요. 그걸 구분해 생각하기 쉽지 않은데. 그것만으로도 역할을 다하고 계시네요.

도대체 왜 우는 거야?

최 팀장: 네, 그러려고 노력은 하는데 어떤 때는 제가 어디까지 그 역할을 해야 하는지 저도 구분이 어렵습니다. 또 요즘 세대는 너무 귀하게 자라 회사에서의 역할을 생각해 보지 못하는 거 같아요. 며칠 전에는 이 대리가 부서 회의에서 갑자기 울면서 제게 "팀장님, 저를 심문하는 거예요?"라고 하더라고요. 부서 전체 회의에서 일이 지연돼 가능하면 도와주려고 좀 상세하게 질문했더니 우는데, 와 진짜 어찌나 당황스럽던지 부서원들 앞에서 제 얼굴이 확 달아올랐어요.

김 코치: 아, 울기까지 했어요? 팀장님 의도는 도움을 주시려던 건데 좀 억울하신 면도 있으셨겠어요. 그럼, 팀장님이 보통 팀원들에게 피드백 할 때 어떻게 주시나요?

최 팀장: 네, 저는 피느백을 좀 자세하게 주는 편입니다. 보고서의 경우에는 출력해 같이 보면서 빨간 펜으로 정정하며 상세하게 알려줘요. 시간이 오래 걸려도 검토 후 최종 결과물을 빨리 볼 수 있으니 더 효율적이라서요.

김 코치: 네에, 시간이 많이 걸릴 것 같은데 그 방법이 더 효율적이었군요. 그럼 팀원들은 그 피드백 방식에 어떻게 생각할까요?

최 팀장: 더디다고 느끼는 팀원도 있는 것 같아요.

김 코치: 어떻게 하면 팀원들이 팀장님의 마음을 알 수 있을까요?

최 팀장: 그러게요, 어떻게 해야 알아줄까요? 어떻게 해야 '팀장

김 코치가 알려주는 관계 소통

님이 나를 도와주는구나'라고 생각할까요? 어···, 제가
왜 그런지 미리 설명하면 될까요?

김 코치: 네, 좋습니다. 팀장님이 생각하는 내용을 전달하면 좋
을 듯합니다. 그리고 상대방은 어떻게 해줬으면 하는지
도 물어보면 어떨지요?

최 팀장: 오, 그거 좋네요. 그렇게 해보도록 할게요.

김 코치: 네, 그리고 궁금한 게 휴식시간이나 점심시간에는 팀원
들과 어떻게 지내세요?

최 팀장: 늘 머릿속에서 일 생각뿐이라 팀원들과 함께하지는 않
습니다. 그리고 보니 요즘에는 직원들이 저를 슬슬 피
하는 거 같은데 굳이 저도 같이하고 싶다는 생각이 없
습니다.

내가 전쟁터의 장수라니!

김 코치: 그러시군요. 그런데 제가 보기에 팀장님은 직장을 전쟁
터로, 본인은 모두를 이끄는 장수로 생각하시는 듯해
요. 주변 모두와 칼을 들고 반드시 성과를 내야만 하는
전쟁을 벌이는. 제 말이 어떻게 느껴지시나요?

최 팀장: 음···, 좀 놀랐습니다만, 그 이야기를 들으니 많이 당황
스럽고 순간 멍해지네요. 구체적으로 하나부터 열까지
가이드를 주는 상사가 바람직하다고 생각했고, 그렇게
비칠 수도 있다고 생각하지 못했는데 다시 돌아봐야겠

어요.

김 코치: 네, 팀장님께서는 어떤 조직문화를 지향하세요?

최 팀장: 글쎄요, 앞으로는 소통이 원활하고 팀원 각자의 장점을 최대한 발휘하게 해주어 성과를 내는 팀을 지향해봐야 겠지요.

김 코치: 아, 좋은 지향점이네요. 그럼 팀장님께서 할 수 있는 일은 어떤 게 있을까요?

최 팀장: 음…, 쉽진 않겠지만 팀원을 믿고 각자의 강점을 살려 주는 게 우선이 돼야죠. 우수한 성적으로 입사한 그 친구들을 더 믿어주어야겠네요.

김 코치: 네.

최 팀장: 오늘 김 코치님과의 대화가 참 좋네요. 팀원들에게 미 안하다고 말하고 싶어졌어요. 의도야 어쨌든 오해가 많 이 쌓였을 듯해서요. 팀원들이 필요한 게 무엇인지, 업 무 분담은 어떻게 하길 원하는지 일난 물어봐야겠어요. 빨리 팀원들을 만나고 싶네요. 김 코치님, 오늘도 고맙 습니다. 많은 게 정리된 대화였어요.

최 팀장이 돌아간 후 김 코치는 그에 대해 잠시 생각했다. 대부분 의 사람들은 그를 하나부터 열까지 직접 챙겨야 직성이 풀리는 사람이 라고 생각했고, 또 성과를 내야 하니 함께 일하는 팀원들보다는 일을 우 선순위로 여길 거라는 인식이 있었다. 그런 최 팀장에 대한 주변의 평 판만 믿고 코칭을 진행했더라면 큰일 날 뻔했다. 최 팀장의 선한 의도를 확인할 수 없었을 것이다. 이렇듯 코칭에서의 신뢰는 흰 도화지에 코치

김 코치가 알려주는 관계 소통

와 고객이 질문과 대화를 통해 건강하게 한발 더 앞으로 나아가기 위한 그림을 그려가는 과정이 아닐까 생각해본다.

조직의 소통에는 기본으로 상호 간의 신뢰가 중요하다. 그러려면 리더가 팀원들을 믿고 기다려주는 시간이 반드시 필요하다. 최 팀장의 사례가 새삼 그 점을 일깨워주고 있다. 최 팀장이 세운 팀의 지향점이 잘 정착되길 김 코치는 응원한다.

자기 안의 답을 찾아가는 셀프 코칭 질문

• 근육 하나, 내가 생각하는 신뢰는 어떤 모습인가?

_____

_____

_____

• 근육 둘, 평소 내 행동이 상대에게 신뢰감 있게 비치는가?

_____

_____

_____

• 근육 셋, 상대가 나를 신뢰하는 것을 어떻게 알 수 있는가?

_____

_____

_____

- 꿀팁 하나, 당신은 부서원과 신뢰를 바탕으로 업무를 진행하고 있는가?

_____

_____

- 꿀팁 둘, 당신이 생각한 MZ나 잘파(Zalpha) 등 신세대들의 소통 방법은 어떤 것들이 있는가?

_____

_____

- 꿀팁 셋, 당신이 신세대들의 업무가 팀의 업무에 어떻게 기여하는지 알 수 있는 방법은 무엇이 있을까? (내가 그들을 도우려 했던 선한 의도 포함)

_____

_____

3부

워킹맘,
워킹대디
가정 안의
소통

> 워킹맘, 워킹대디가 퇴근하고 집으로 다시 출근하는 끝나지 않는 육아 사막에서 어떻게 따듯한 배려와 소통을 가정에 적용할지를 다룬다.

1

독박육아 힘들다고 말해라

허 대리는 신입사원 연수에서 지도사원으로 참여했던 남편과 처음 만났다. 그 후로 친하게 지내다가 주변에서 결혼하라는 권유에 생각해보니 남편과는 이야기도 잘 통했고 만나면 편안했다. 그리고 무엇보다 자신을 배려해준다는 생각에 의심 없이 결혼했다. 그녀와 남편은 다른 부서였지만 한 건물에서 근무해서 같이 출근하고, 퇴근 시간도 가끔은 맞출 수 있었다. 간혹 같이 구내식당에서 점심을 먹거나 기분전환이 필요할 때는 번개로 외식도 했다. 아이가 태어나기 전에는 집안일도 구역을 나눠가며 맞벌이 부부의 표준처럼 알콩달콩 잘 지냈다. 남편이 가끔 약속을 어길 때도 있었지만 나름 노력하는 모습도 보여서 그녀는 문제 삼지 않았다. 그러다 결혼 3년차에 임신했다. 계획은 없었지만, 너무 늦는 것보단 축복이라고 생각돼 감사하게 아이를 맞이했다. 그런데 아이가 태어난 후로 남편은 일이 많이 늘었다며 퇴근이 늦어졌고 저녁도 밖에서 해결하고 오는 게 아닌가. 반면에 허 대리가 육아휴직을 낸 이후 육아는 전적으로 허 대리의 몫이 됐고, 온종일 밤낮이 없는 아이의 시간에 맞춰서 지내다 보면 남편 얼굴도 제대로 보지 못하는 날이 많았다.

의도한 건지 아닌지 늦은 퇴근으로 집안일을 모르쇠 하는 남편, 예쁘고 사랑스러운 아이임에도 처음 해보는 경험 없는 육아 일상은 허 대리의 심신을 지치게 했다. 가끔은 어려운 일이 아닌데도 긴장해서 낯설고 더 어렵고 당황스러워 바보가 되는 듯 느껴지곤 했다.

그런 어느 날, 허 대리는 계속해서 이렇게 살다가는 더 이상 견딜 수 없겠다는 생각이 들어 복직을 결심했다. 다행히 회사 어린이집 영유아반에 자리가 있다고 해서 휴직 6개월 만에 출근을 결정한 거다. 허 대리의 결심을 들은 남편은 아이가 어려서 안 된다며 극구 말렸지만 허 대리는 이보다 더 좋은 육아 해방 출구를 찾을 수 없어 출근을 강하게 밀어붙였다.

얼마 만에 옷을 제대로 차려입고 책상 앞에 앉아 있는 건지, 허 대리는 사뭇 일터에 대한 감회가 새로웠다. 할 일도 조금 남았고 오늘은 집에 들어가기 싫어서 일을 붙잡고 있었다. 마침 사무실을 지나던 김 코치와 눈이 마주쳤다.

김 코치: 대리님, 시간이 늦었는데 저녁은 드셨어요? 막상 복직하니 어때요? 아이가 어려서 지금이 한창 엄마 손이 필요할 때라 몸도 마음도 힘들 때인데요.

허 대리: 코치님도 아시는구나. 네, 힘들지 않냐는 말을 들으니 울컥해지네요. 그렇지 않아도 요즘, 저 혼자 아이 낳은 듯 독박육아 한다는 생각이 들어서 더 우울하고 처져요. 남편은 남의 집 구경하듯 신경도 안 쓰는 것 같고요.

김 코치: 그렇게 생각된다면 허 대리님, 많이 지치고 힘들겠어요.

허 대리: 네, 체력적으로 몸이 힘든 것도 힘든데요. 진짜 아이를

김 코치가 알려주는 관계 소통

혼자 키운다는 생각이 들어 외롭고 일이 끝도 없는 것 같아 버겁고, 가끔은 아무도 없는 곳으로 사라지면 좋겠다는 생각까지 들기도 해요.

김 코치: 그러게, 다 던져버리고 싶고 억울하기도 할 것 같아요.

허 대리: 네, 세상에 저 혼자 버려진 것 같고. 그러다 보니 남편이 너무 밉고요. 부모님 댁은 거리가 멀어서 당장 도움이 필요할 때는 말씀도 못 드리고, 아이도 잘 키워보고 싶은데 몸이 하나니 체력이 늘 고갈돼요.

김 코치: 큰일이네요. 그중에 뭐가 대리님을 가장 힘들게 해요?

허 대리: 지금은 제가 출근해서 괜찮은데 아이 일정에 맞추다 보면 제 일상이 아예 없는 듯해요. 식사를 대충 때우기도 하고 그러다 보니 아이와 함께 있는 시간이 즐겁고 행복하기는커녕 저를 꼼짝달싹 못 하게 하는 듯하여 고통스럽게까지 느껴져요.

김 코치: 듣는 것만으로도 참 속상하네요. 지금이 도움이 절실한 타이밍인데. 대리님 주변에는 어떤 자원들이 있을까요? 한번 생각해봐요.

허 대리: 자원이요? 도와줄 수 있는 사람 말씀이지요? 음…, 남편, 이모님, 집 근처에 사는 친구들 정도요.

김 코치: 그럼 그 사람들이 무엇을 함께 해주면 좋을까요?

허 대리: 함께라…. 저 혼자라고 생각돼 딱히 생각해보진 않았는데요. 같이 밥을 먹거나 뭐하고 싶은지 물어봐주면 좋겠어요. 육아에 매몰되지 않고 저 자신으로서 살고 있다는 느낌이 들게요.

김 코치: 그렇군요, 나라는 존재가 있고 아이가 있는 거니까요.

대리님이 귀한 존재라는 걸 느끼게 되는 게 참 중요하
지요.

허 대리: 내가 귀한 존재라는 걸 느끼는 거! 맞네요. 코치님과 이
렇게 이야기하는 동안 마음이 이상하게 아주 편해졌어
요. 뭉클하기도 하고요. 화가 많이 났는데 이야기하
면서 생각해보니 저 혼자만 끙끙댔지, 주변에 도움을
요청한 적은 없었네요. 그냥 막연하게 누가 알아서 도
움 주길 바랐고 그 기대가 충족이 안 되면 서운하고 억
울하고 화가 났나 봐요. 코치님과 이야기 나누며 저를
돌아보게 되네요.

김 코치: 그래요, 좋네요. 제가 대리님에게 안부를 묻길 잘했네
요. 이제 퇴근하셔야지요.

허 대리: 코치님, 감사합니다. 최근에 이렇게 제 이야기 한 게 얼
마 만인지 모르겠어요. 기분이 날아갈 것 같아요. 정말
감사합니다.

김 코치는 허 대리가 퇴근하는 모습을 지켜보면서 그녀에게 여유
가 좀 생긴 것 같아 마음이 놓였다. 육아 사막이 지옥이었을 허 대리가
조금이라도 편해지길 바란다.

워킹맘인 허 대리의 사례가 어찌 그녀만의 이야기이겠는가. 김 코
치 자신도 아이들이 어렸을 때 같은 상황에 놓였었다. 모든 안 좋은 일
은 자신에게만 온 거 같은 생각에 그리스로마신화의 시지프스 바위의
형벌을 받는 것처럼 살아낸 나날들. 그러나 분명한 건 아이는 금세 자란
다는 거다. 그 과정에서 자신을 도와줄 그 손을 꼭 잡고 앞만 보고 하루
하루를 걸었던 순간들이 허 대리와 나눈 이야기로 인해 주마등처럼 스

김 코치가 알려주는 관계 소통

쳐갔다. 그와 함께 독박육아기 가족의 모습을 보여주는 신문기사가 생각났다. 장하나 제19대 국회의원이 한겨레에 기고한 칼럼 중 일부이다.

"독박육아가 시작되고 몇 달 되지 않아 남편 얼굴에서 웃음기가 서서히 사라졌습니다. 남편은 제 일거수일투족을 못마땅하게 여기는 것 같았고, 저라는 존재 자체를 싫어하는 사람 같았죠. 그런 남편 곁에서 저도 마음이 많이 아팠고 점점 우울해졌습니다. 그러나 남편이 왜 변했는지, 왜 저렇게 힘든지 알기에 그 시간을 참고 견뎌냈죠. 산후우울증은 생물학적 요인뿐 아니라 육아로 인한 피로·수면장애·스트레스 등 생활상의 변화와 심리적 요인에 의해 발생합니다. 복지부의 '국가 건강정보포털'에 따르면 경증도의 산후 우울감은 산모의 85%가 경험하고, 중증도의 산후 우울증은 산모의 20%에서 나타난다고 합니다. 즉 두리 아빠가 겪은 일은 사실 대다수 엄마들이 겪고 있는 거죠."

이 칼럼에서 저자의 남편 또한 육아 스트레스로 인한 육아 우울증이 산후 우울증과 같이 힘들기에 육아는 혼자 감당하기에는 무리라고 이야기한다.

그리고 정신건강 전문가는 육아 스트레스가 우울증으로 악화되기 전에 적절하게 관리하거나 비슷한 상황에 놓인 사람들과 고민을 공유하거나 또 배우자와의 대화와 육아 분담을 통해 정신적 여유와 심신의 안정을 찾는 것도 도움이 된다고 했다.* 이처럼 문득 지금도 육아사막을

---

* 건강다이제스트(2021. 12. 2), 「육아 스트레스로 인한 '육아 우울증', 올바른 해소 방법은?」.

건너고 있는 워킹맘, 워킹대디, 부모들에게 전하고 싶은 응원의 말들이
떠올랐다.

"이 세상 모든 엄마와 아빠는 대단합니다. 미래의 꿈나무를 보
살피기 위해 애써 그 역할을 다하는 모습이 아름답습니다. 그리
고 그 노동으로 인해 인해 배우는 좋은 것들도 있습니다. 바로 부
모라는 역할을 통해 인내와 배려 그리고 내리사랑을 알아간다는
거지요. 지금 육아에 매몰되어 있는 당신, 지금 힘들다고, 도와달
라고 요청해보세요. 당신 주변에서 여러분께 손을 내밀어줄 겁
니다. 아이는 이제 혼자만의 아이가 아닌 모두의 아이이고 이웃
과 사회 그리고 국가가 함께 키우려고 많은 모색과 정책이 생겨
나고 있음을 이해하여 그 손을 현명하게 잘 잡고, 쓰임 있는 시간
을 보내 육아 피로를 낮추시길 응원드립니다."

김 코치가 알려주는 관계 소통

독박육아에 힘들어하는 워킹맘, 워킹대디에게 하는 질문

자기 안의 답을 찾아가는 셀프 코칭 질문

- 근육 하나, 한 생명의 엄마/아빠로 나는 아이와 어떻게 지내고 싶은가?

- 근육 둘, 육아사막을 건강하게 건너기 위해 지금 내게 가장 필요한 것은 무엇인가?

- 근육 셋, 10년 후의 내가 지금의 나에게 해주고 싶은 말은 무엇인가?

· 꿀팁 하나, 워킹맘/워킹대디인 당신이 육아에서 가장 소중하게
  생각하는 것은 무엇인가?

_____

_____

_____

· 꿀팁 둘, 워킹맘/워킹대디인 당신은 아이와 어떻게 보내고 싶은가?

_____

_____

_____

· 꿀팁 셋, 워킹맘/워킹대디인 당신의 배우자에게 어떻게 고마움을
  전달하고 싶은가? 또 어떤 도움을 주고 싶은가?

_____

_____

_____

2

가족의 경계를 분명히 세워라

이 부장은 회계부에서 여직원들 사이에 가장 인기가 있다. 그도 그럴 것이 일관성 있는 에너자이저로 반듯한 외모, 교양까지 겸비한 그였다. 그뿐만 아니라 불평등을 목격하면 늘 앞장서주었다. 그러다 보니 조직에서 상사보다는 후배들에게 존경받았다. 그는 신입 시절, 그를 한눈에 알아본 동갑내기이지만 입사 선배인 같은 부서 여직원과 결혼했다.

삼 형제 중 둘째인 그는 중학교 때 아버지가 돌아가시고, 어머니께서 홀로 삼 형제를 대학까지 졸업시키는 동안 어머니 옆에서 든든하게 함께했다. 가정 대소사는 모르는 체하고 공부만 하던 형과 예술을 한다며 자유분방했던 막내와는 다르게 어머니를 도왔다. 이 부장 아내도 아버지의 책임감을 물려받아 따뜻하고 세심한 그의 배려가 좋아서 결혼했다.

점심시간쯤 이 부장이 김 코치를 찾아왔는데 그의 얼굴에는 '나 고민 있소'라고 쓰여 있는 듯 표정이 좋지 않았다.

도대체 왜 버럭이지?

이 부장: 김 코치님은 요즘 별일 없으시죠? 코치님 보고 싶어 점심시간도 반납하고 왔습니다, 하하.

김 코치: 아, 정말요? 저는 별일 없는데 부장님 얼굴에는 '무슨 일 있어요'라고 써 있네요, 하하.

이 부장: 아, 벌써 들켰네요. 역시 김 코치님. 그러게요, 이게 큰 일인지 잘 모르겠어서 답답해 찾아왔어요. 글쎄, 차를 바꿀 때가 돼서 요즘 어떤 모델이 좋을지 보고 있는데 아내가 갑자기 우는 거예요. 왜 우냐고 물었더니 '해도 해도 너무한다'라며. 우리 가족이 좋은 곳에 밥 먹으러 가려면 11인승이 필요하다고 했더니, 아내가 갑자기 버럭 하며 그런 말을 하더라고요. "우리 가족은 아들 포함해 세 명인데, 왜 11인승이 필요하냐"라고요.

김 코치: 아, 근데 아내분 말씀도 맞는 것 같은데요. 그 말이 어떻게 들리세요?

이 부장: 아, 김 코치님도 그렇게 생각하시는구나. 그게, 그 말을 들었을 때 머리를 한 대 맞은 것처럼 멍해지더라고요. 저는 지금까지 우리 가족이면 시골에 계신 어머님과 형님, 동생네 포함해서 생각했지, 우리 세 식구만 가족이라고 생각해본 적이 없거든요.

김 코치: 네에, 부장님은 아버님 돌아가시고 늘 어머님을 도와오셨으니 그렇게 생각하실 수 있겠네요. 그래서 당황하셨겠어요.

김 코치가 알려주는 관계 소통

이 부장: 네, 제가 아내와도 지금까지 잘 지내고 있다고 생각했는데 그런 소리를 들으니 '이게 뭐지?'라는 생각이 들더라고요. 부부 사이에 신뢰가 깨진 느낌이었어요. 그 이후로 부부 사이가 데면데면해졌어요.

김 코치: 네에, 신뢰까지? 충격이 크셨네요.

이 부장: 음, 어떻게 표현해야 할까요? 조심스럽긴 한데요. 약간의 배신감을 느낀 건 맞는 거 같아요.

김 코치: 배신감까지 느끼셨군요. 그런데 두 분이 인정하는 가족의 허용범위부터 서로 아셔야 할 듯해요. 혹시 아내분이 이야기하는 가족의 범위를 인정하실 수 있으세요?

이 부장: 머리로는 아내가 무슨 말을 하는지는 알겠는데 이해하기는 쉽지 않네요.

김 코치: 네에, 그럼 아내분의 화에 대해서도 의구심이 드실까요?

이 부장: 그리 깊게 생각해보지 않았는데. 보통 가족 행사는 늘제 원가족을 포함해 진행했거든요. 뭔가 어머님과 형제들과 함께하지 않는 게 마음이 불편하고 특히 어머님께는 죄책감이 들 거 같아서요.

김 코치: 그렇지요, 부장님에게는 모두 중요한 분들이니까요. 그런데, 아내분은 부장님의 그런 모습을 어떻게 받아들였을까요? 아내분은 부장님 원가족분들과 성장 과정의 경험이 없어서 공감대도 없으니 그저 며느리라는 역할로 대하지 않았을까요? 그러면서 부장님은 알지 못하는 힘듦이 있어서 울음이 터져나오고 화로 표출된 듯합니다. 사실, 화나 울음은 오랜 시간을 참고 있었을 때 느닷없이 터지거든요. 그러니 부장님도 아내분의 숨겨진

분노를 알아보셔야 할 듯해요. 부장님에게 중요한 원가족이라 해서 아내분에게 그 친밀감을 강요하실 순 없잖아요. 입장 바꿔놓고 생각해보시면 얼른 이해가 되지 않을까요? 부장님도 지금 많이 힘드시잖아요.

이 부장: 맞습니다, 지금 너무 힘들어요. 집안 분위기도 많이 가라앉아서 아이에게도 미안하고요. 사실 저도 아내와 잘 지내고 싶어요. 김 코치님이 지금 말씀 주신 걸로도 아내가 좀 이해가 되네요.

김 코치: 네에, 그럼 이제 어떻게 하면 좋으실까요? 어떤 방법이 있을까요? 혹시 아내분에게는 어떻게 하면 좋겠는지 이야기해보셨을지요?

이 부장: 아, 아내는 어떻게 해결하고 싶은지 물어보지 않았는데. 직접 물어보는 게 가장 좋을 것 같아요. 왜 제가 혼자 고민하고 있었을까요? 다른 건들은 아내에게 물어서 서로의 의견을 존중하고 조율하는데. 이번에는 그러지 못했네요. 서녁에 아내에게 물어봐야겠습니다. 그리고 행사의 목적에 따라 가족의 영역을 구분하여 가족의 요구사항이 반영될 수 있게 현재의 가족과 원가족과도 편안한 정서를 나눌 수 있다면 좋을 듯합니다. 오늘 말씀 진짜 고맙습니다.

김 코치: 네, 어떤 문제가 생기면 서로 대화를 나누어보는 게 의외로 문제해결력이 커요. 모쪼록 잘 이야기를 나누어보세요.

자리로 돌아가는 이 부장의 걸음이 아까보다는 활기차 보였다. 김 코치는 이 부장과의 대화를 통해 가족의 영역에 대해 다시금 생각해보게 됐다.

가족의 영역은 개인의 기준과 생활양식의 변화에 따라 당연히 다르게 선택될 수 있다. 다시 말해 가치관의 변화에 따라 전통적 가족 단위가 아닌 원가족끼리 여행을 다니거나, 자기 부모는 형제들끼리 주말 순번제로 보살피고 부양한다. 또 명절 때 지금의 가족이 아닌 원가족만 조상의 묘소를 참배하는 모습도 쉬이 찾아볼 수 있다.

부부가 생각하는 가족의 영역이 달라 갈등을 야기하고 있다면 그 영역은 어디까지인지 배우자와 진솔하게 이야기를 나눠 서로의 합의점을 찾는 것도 건강한 가정을 위해 필요한 요소다.

자기 안의 답을 찾아가는 셀프 코칭 질문

- 근육 하나, 내가 생각하는 가족의 의미와 가족의 영역은 무엇인가?

- 근육 둘, 현재의 가족, 원가족과 어떻게 지내고 싶은가?

- 근육 셋, 그들과 평화롭게 지내기 위해서는 어떤 조율이 필요한가?

- 꿀팁 하나, 당신은 가족들과 무엇을 할 때 갈등이 발생하는가?

- 꿀팁 둘, 가족들이 당신에게 기대하는 것은 무엇인가?

- 꿀팁 셋, 내 아이들에게 물려주고 싶은 가족의 유산은 무엇인가?

3

부부 갈등은 정면으로 마주하라

우리에게 가족이란 삶에 있어서 최고의 파트너이자 또 다른 나다. 그럼에도 항상 관계가 좋을 수만은 없고, 싫을 때 미워할 수만도 없는 게 가족의 특성이다. 또 쉬이 이별을 선택할 수도 없어 가족과 여러 감정을 주고받으며 함께 살아가게 된다. 특히 부부간에 갈등이 생길 때는 같은 장소에 머무는 것도 힘들고 스치기만 해도 감정이 올라온다. 이성적으로는 상대를 있는 그대로 받아들이려고 노력해도 감정적으로는 해결이 안 돼 무의식적으로 툭 상처가 될 말을 뱉어내버려 쉽지 않다. 남편과의 갈등으로 김 코치를 찾아 코칭을 요청한 경리과 이 대리의 사례도 이와 다르지 않았다.

아내: 여보, 혹시 어제 하기로 했던 은행일 처리했어요?

남편: 아니, 그리 급하지 않아서 다음 주에 하려고.

아내: 이번 주까지 처리 못 하면 가산세 붙을 텐데? 잘 알고 이야기하는 거예요?

남편: 어유, 진짜. 날 뭐로 보고. 나 못 믿어?

아내: (내가 믿게 당신이 일을 제대로 했어야지. 됐다. 됐어. 내가 하는 게 내 마음이 편하지) 못 믿긴, 내가 은행 갈 일 있으니 내가 낼게요.

김 코치: 아, 이렇게 하고 싶은 말을 이 대리님이 다 못 하시는구나.

이 대리: 네, 그래서 늘 답답하고 그 사람이 미울 때도 많아요. 할 말만 다 할 수 있어도 그렇게까지 밉지는 않을 거 같은데. 사실, 남편과 갈등이 생겨 목소리가 높아지면 다음에 이야기하자고 하지만 한 번도 같은 주제로 다시 이야기를 나눈 적은 없어요. 그 이야기를 하다 보면 오래전에 서운해 앙금이 남은 기억까지 소환해올 듯해서 제 스스로 그 자리를 피해버리는 거죠. 그리고 그게 그런대로 급한 불을 끄는 듯해 습관처럼 되어버린 것도 있고요. 그런데 이제는 정말 답답하네요.

김 코치: 네, 그런데 남편 말을 듣는 게 싫으세요?

이 대리: 맞아요. 그게요. 제가 누구한테 잔소리 듣기를 무척 싫어해요. 제 나름 주도적으로 정성을 들여 한 일이 부정당하는 느낌이 들어 맥이 빠지거든요. 제가 잔소리하는 것도 싫고요. 제가 남편에게 잔소리하면 그 말을 내 귀로도 들어야 하는 게 어떤 때는 스트레스가 돼요. 그래서 일이 생기면 가능한 한 제 손에서 끝내고 신경을 덜 쓰려고 해요. 그러다 보니 집안일은 늘 혼자 해결하고 있는 느낌이 들어 가끔 버겁고 외로워요.

회피전략을 선택했던 이 대리

김 코치: 아, 잔소리 듣는 게 불편해서 혼자 해결하시다 보니 그게 버겁고 외롭기도 하신가 봅니다.

이 대리: 네, 저 혼자 해결하면 그뿐이라고 여겼는데 그때마다 속상한 마음이 조금씩 쌓였나 봐요. 나름 제가 선택했던 회피전략이 통한다고 생각했는데, 지금 생각해보니 부부 싸움으로 이어지지만 않았지, 사실은 제가 괜찮지 않았던 거 같아요.

김 코치: 그럴 수 있죠. 그때는 괜찮은 줄 알았는데 지나면서 뭔가 억울한…. 그래서 지금 기분이 어떠세요?

이 대리: 많이 속상하고, 이렇게 참고 있다가는 언젠가 한번 크게 터지겠다는 생각이 드네요.

김 코치: 아, 그럼 어떻게 하면 좋으시겠어요?

이 대리: 코치님과 이야기하면서 생각이 좀 정리되네요. 더 힘들어지기 전에 쌓아두지 말고 남편과 이야기를 나눠야겠어요.

김 코치: 네, 정말 좋은 생각이신 듯해요. 그런데 일상생활 중 어느 점에서 그렇게 힘이 드셨던 건가요?

이 대리: 네, 대체로 아무래도 육아 중이니 아이들 관련 일이 많지요.

다음은 이 대리가 김 코치에게 들려준 이야기다.

아내: 여보, 어린이집에서 아이들 데려가라고 전화 오는데 당신
　　　어디야?

남편: 어, 미안. 갑자기 누가 찾아와서 한잔하고 있어. 금방 들어
　　　갈게.

아내: 몇 시에 끝나? 아이들은 데려갈 수 있는 거야?

남편: 아니, 조금 늦을 듯해. 미안한데 당신이 좀 데려가줘. 미안
　　　해, 정말 미안.

아내: 아! 진짜. 알았어요. 나도 가기 힘든데 내가 갈게.

SOS를 날리다

김 코치: 저런, 워킹맘에게 그런 상황이 제일 힘들죠. 그럼 속으
　　　　　로 이 대리님은 어떻게 말하고 싶은가요?

이 대리: 네, 제 속마음은 "미안하다는 말 좀 그만해! 내가 매일
　　　　　회식이 있는 것도 아니고, 당신에게 사전에 이야기하고
　　　　　오래간만에 회식에 참석한 건데. 진짜 필요할 때 도와
　　　　　주지도 않으면서 미안하다는 말은 또 엄청 잘해요, 으
　　　　　이그. 진짜 싫다. 아이가 먼저지 약속이 먼저냐!" 뭐 이
　　　　　런 말을 참고 있는 거죠.

김 코치: 그럼 그냥 한번 시원하게 하고 싶은 말을 해보는 건 어
　　　　　떠세요? 시도는 해보셨어요?

이 대리: 마음은 정말 그러고 싶은데 남편과 불편해져도 속마음을 말하지 못해요. 제 마음도 마음이지만, 상대가 원하는 것도 순간 읽혀서 머릿속이 더 복잡해지는 거예요. 또 감정이 고조된 상태에서 날 선 말로 남편에게 상처를 주는 것도 못 하겠고요. 어쩌면 그 마음은 그 사람에 대한 연민보다는 상황이 끝난 후 제가 좀 참으면 될 일이었는데라고 후회하게 될 거 같아서가 더 솔직한 제 마음인 듯해요.

김 코치: 그러시군요. 순간 많은 생각이 드시겠어요. 대리님 말씀 들으면서 느껴지는 게 있는데 한번 들어보시겠어요?

이 대리: 네.

김 코치: 제가 느끼기에 대리님은 남편분을 사랑하고 계시네요. 사실 화가 나면 아무것도 생각나지 않을 때가 많거든요. 그런데 그 감정을 컨트롤하고 있다는 게 참으로 대단하게 느껴져요.

이 대리: 그래요? 저를 먼저 생각해서 그런 줄 알았는데 그게 아닌가 봐요. 코치님께서 말씀해주시니 결혼 전 생각이 떠올랐어요. 제가 좋아서 그 사람 많이 따라다녔거든요. 제가 그 사람을 정말 좋아했어요. 아마도 제가 참을 수 있었던 것은 그 힘이 아닌가라는 생각도 들어요.

김 코치: 그러셨군요! 그런 분과 어떻게 소통하고 싶으세요?

이 대리: 음, 예전처럼 제 상황이나 생각을 조금씩 이야기해봐야겠어요. 사실 저희 사귈 때는 남편이 제 이야기를 많이 들어줬거든요. 그런데 지금은 서로가 일하느라 바빠서 그런 시간을 갖지 못했네요.

김 코치: 네, 그럼 남편에게 무엇을 먼저 해보고 싶으신가요?

이 대리: 제가 힘들 때 남편이 필요하면 SOS를 날려야겠어요. 나 좀 봐달라고. 또 나 좀 도와달라고요. 그리고 시간이 되면 내 이야기도 좀 들어달라고요. 남편이 아닌 남자친구를 다시 찾아야겠어요.

남편이 아닌 남자친구를 원해!

김 코치와 이야기를 나누던 이 대리의 얼굴에 생기가 되살아나며 환하게 피어났다. 김 코치도 예전의 경쾌했던 이 대리 얼굴을 보는 듯해서 좋았다. 이 대리는 김 코치에게 몇 번이나 고맙다고 말하며 자리로 돌아갔다. 그런 이 대리를 보면서 김 코치는 며칠 전 뉴스에서 접했던 맞벌이 가구에 대한 통계청 발표가 떠올랐다.

2023년 6월 통계청이 발표한 맞벌이 가구는 584만 6,000가구로 1년 전보다 2만 가구 증가했으며, 전체 맞벌이 비중이 46.1%로 최대수치이다. 두 집 중 한 집이 맞벌이하면서 아이까지 양육해야 하니 물리적 시간이 절대적으로 부족한 거다. 주변의 도움 없이 부부가 아이를 양육해야 한다면 서로에 대한 신뢰와 배려, 역할 분담은 가정을 꾸리는 필수 요소다. 지키기로 했던 약속이 깨지는 경험을 한 번, 두 번 횟수를 거듭하면 워킹맘이든 워킹대디든 어느 한 사람의 에너지가 소진된다. 또 신뢰에 금이 가는 건 너무나도 뻔한 일이다. 다급한 일이 생겼으면 배우자에게 SOS를 날려서 상황을 이야기하고 도움을 제대로 요청해야 신뢰가 더 돈독해진다. 또 그 일이 아내의 일, 또는 남편의 일이 아닌, 우리 가정의 일이라는 인식의 토대 위에서 우선순위가 되어야 건강한 가정을 유지할 수 있다.

자기 안의 답을 찾아가는 셀프 코칭 질문

- 근육 하나, 가정에서 자주 쓰는 나만의 소통전략은 무엇인가?

  (회피전략, 협조 요청, 문제 해결에 집중하기 등)

  _____

  _____

- 근육 둘, 솔직하게 감정을 표현할 수 있는 안전한 환경을 어떻게

  조성할 수 있을까?

  _____

  _____

- 근육 셋, 부부 소통이 언제부터 틀어졌는지 생각해보자. 다시 가볍게

  시도해본다면 어떤 방법이 좋을까?

  _____

  _____

리더가 구성원에게 해줄 수 있는 코칭 질문

- 꿀팁 하나, 당신이 진짜 원하는 배우자와의 소통은 어떤 모습인가?

- 꿀팁 둘, 당신은 자신의 감정을 정확히 이해하고, 불통의 원인은
  무엇일지 당신의 파트너에게 솔직하게 물어볼 수 있는가?

- 꿀팁 셋, 당신이 생각하기에 파트너와의 성공적인 소통 방법은
  무엇이 있을까?

김 코치가 알려주는 관계 소통

4

하루만이라도 나만의 시공간을 만들라

김 코치가 점심시간에 멀리서 문득 허 과장을 봤는데 왠지 어깨가 축 늘어져 있었다. 김 코치는 그녀가 왜 그런지 바로 물어보고 싶었지만, 점심 일행이 있어서 따로 시간을 낼 수 없었다. 허 과장이 무슨 일이 있는지 궁금하고 걱정됐던 김 코치는 오후 일정을 빨리 정리하고 그녀를 직접 찾아가기로 했다.

허 과장은 대리 3년차에 중국 주재로 발령받았다. 현재까지 통틀어 대리급에서 주재 발령은 처음이라 주변 사람들도 많이 놀랐다. 팀장 지시사항으로 1개월 안에 중국의 세 개 지점에 리더십 교육 프로그램을 준비해야 했고, 그 일을 맡기기에 허 대리만 한 사람이 없었던 거다. 그만큼 그녀의 일 처리는 의심할 여지가 없는 백 퍼센트 보증수표처럼 빈틈이 없었다. 허 대리는 주재원 시절 과장으로 승진했고, 몇 년 후에 본사로 귀국하면서 같은 주재원과 결혼했다.

결혼과 함께 임신과 출산을 겪으며 어느덧 둘째의 육아휴직까지 사용하고 현재 부서에 복귀했다. 그런 허 과장은 한때 교육부서를 대표한 신화 같은 존재로서 여전히 교육부서 후배들의 롤모델로 남아 있다.

그런데 막상 그녀의 이야기를 들어보니 그만큼 능력 있는 그녀에게도 말 못할 고민이 있었다.

허 과장: 코치님, 여전하시네요. 제가 좋아하는 커피까지 준비해서 이렇게 찾아주시니 정말 감사합니다.

김 코치: 허 과장님, 복귀를 축하합니다. 시간이 금방이네요.

허 과장: 네, 하하. 전에 김 코치님과 이야기 나누고 많이 좋아져 덕분에 잘 지내고 있어요.

김 코치: 아, 그랬어요? 정말 다행이네요, 허 과장님. 얼굴 보니 좋네요. 요즘은 어찌 지내고 있어요? 점심시간에 잠깐 봤는데 힘이 없어 보여서요. 자꾸 생각이 나서 이렇게 왔네요.

허 과장: 아, 정말요? 고맙습니다. 역시 김 코치님뿐이네요. 사실, 요즘 정신이 없는 게 연년생 키우는 게 생각보다 쉽지 않아요. 육아휴직에서 복귀한 지 한 달이 되어 마음은 바로 프로젝트에 합류해야 할 것 같은데 옛날처럼 집중이 안 되네요. 업무 리듬에 적응도 적응이지만 체력이 고갈된 것 같아 문제예요.

김 코치: 그쵸, 얼마나 바쁘시겠어요. 상상만 해도 연년생 육아는 쉽지 않을 듯해요. 그래도 그중 뭐가 제일 힘드세요?

허 과장: 일단 집에 들어가면 정신이 없어요. 첫째는 호기심이 많아서 저를 보자마자 이것저것 질문하기 바쁘고요. 둘째는 막 잡고 걸을 수 있게 돼서 집안 곳곳을 돌아다니며 마구 헤집어봐요. 그래서 퇴근하면 제 저녁은 먹는 둥 마는 둥, 아이들 저녁 먹이는 것부터 전쟁이에요. 그

러다 아이들 재우다 보면 같이 잠들어서 깨어보면 아침, 출근 준비해야 하고요. 또 주말에도 아이들이 일찍 일어나다 보니 하루를 빨리 시작해야 해요. 어떻게 하루를 보내는지, 다람쥐 쳇바퀴 도는 것도 아니고 가끔 제가 뭐하고 있나 싶기도 합니다.

김 코치: 아이고, 제가 듣고만 있어도 다 지치네요. 남편분은 어떻게, 같이 잘하고 계신가요?

허 과장: 저희 남편은 그래도 다행인 게 집에 있으면 아이들이랑 잘 놀아주려고 노력하는 편인데요. 요즘 중국에 큰 프로젝트를 전담하게 돼서 출장이 잦아 너무 힘드네요. 일하러 가는 사람을 잡을 수도 없고요.

김 코치: 우리 허 과장님, 이렇게 힘들어서 어떻게 한대요.

하루라도 온전한 나로 있고 싶다

허 과장: 딱 하루만이라도 아무도 없는 호텔에서 종일 잠을 잘 수 있으면 정말 좋겠어요. 사실 하루에도 몇 번씩 그런 생각이 간절하게 들어요. 우리 회사 휴가가 한 달에 한 번씩 연차를 쓸 수 있잖아요. 그런 것처럼 워킹맘이나 워킹대디에게 한 달에 한 번, 온종일 잠을 자든 무얼 하든 오롯이 나로서 있을 수 있는 장소나 제도가 생겼으면 좋겠습니다.

김 코치: 오호, 좋은 생각이네요. 천 퍼센트 공감입니다. 저도 아

이들 키울 때 어찌나 지치고 졸리고 힘에 부쳤던지 허 과장님 이야기를 듣다 보니 제 옛날 생각이 나네요. 둘째가 한 달 정도 새벽까지 잠을 안 자서 포대기로 업고, 아파트 단지를 한참 서성거려야 했거든요. 그리곤 또 아침에 출근 버스를 타고 출근해야 했으니 지금 생각하면 어떻게 버텼는지 모르겠어요. 그래도 했지요. 일하면서 잘 버텼는데, 오후 3시쯤 나도 모르게 고개가 뒤로 젖혀지는 거예요. 깜짝 놀라서 혹시 누가 그 모습을 봤을까 싶어 급하게 주변을 살폈던 적도 있는데 어느덧 추억이 됐네요. 옛날이나 지금이나 아이가 우리 손을 놓고 앞으로 나아갈 때까지 워킹맘의 시간은 쉼 없이 평행선으로 흘러가는 듯해요.

허 과장: 네, 코치님. 코치님 이야기를 들으니 저만 그런 게 아니었네요. 위로가 돼서 동지가 된 듯 느껴져요. 제 마음이 말랑해졌어요.

김 코치: 그래요, 위로될지 모르겠지만 세상의 모든 워킹맘이 흔히 사막 같은 육아의 시간이라고들 하잖아요. 그 시간을 함께 견디고 있다는 거. 그리고 정말 시간은 정직해서 어느 사이 아이들이 쑥쑥 자라고 있다는 거예요. 그러면 아까 이야기했던 쉼 없이 인내했던 수평의 시간이 줄어든다는 거지요. 하지만 무엇보다 육아 선배로서 당부드리고 싶은 건 허 과장님 몸을 잘 보살피시라는 거예요. 그러려면 우선순위를 구분해서 꼭 허 과장님이 할 일만 하시고 일을 어떻게든 줄이셔야 한다는 겁니다.

허 과장: 네, 정말 고마운 말씀이세요. 어떻게든 잊지 않고 잘 실천해볼게요. 어려워도 그래야 저도 아이들에게 사랑을

김 코치가 알려주는 관계 소통

제대로 줄 수 있을 것 같아요.

　김 코치는 허 과장과 짧은 커피 타임을 갖고 대화하면서 허 과장의 어깨가 처져 있던 이유를 알 수 있었다. 어쨌든 김 코치의 경험을 토대로 허 과장에게 가장 중요한 것을 알려주었으니 이제는 허 과장이 모든 것을 스스로 해야 한다고 여기는 책무감에서 벗어나 자신을 먼저 아끼면 좋겠다고 생각했다.

　김 코치와 이야기를 나누며 허 과장은 김 코치의 이야기를 통해 동질감을 느꼈다고 했는데, 김 코치 또한 허 과장의 미소를 보면서 육아 사막을 건너던 젊은 날의 자신을 만난 듯한 느낌을 받았다. 같은 공간에서 워킹맘으로 연결된 허 과장과 김 코치는 그렇게 서로의 어깨에 기댄 채 위로가 되어 이 시간을 살아간다.

육아 사막을 걷고 있는 리더에게 하는 질문

자기 안의 답을 찾아가는 셀프 코칭 질문

• 근육 하나, 육아로 인한 어려움 속에서 나는 어떤 감정을 느끼는가?

• 근육 둘, 육아로 지친 나 자신을 어떻게 돌봐줄 수 있을까?

• 근육 셋, 육아와 직장인의 역할 속에서 어떻게 균형 잡고 생활하고
  있으며, 현재 시급하게 필요한 것은 무엇인가?

- 꿀팁 하나, 당신은 자녀 육아기에 자기 삶의 목표와 가치를 어떻게 조절할 것인가?

- 꿀팁 둘, 당신은 휴식과 자기관리에 어떻게 시간을 투자하는가?

- 꿀팁 셋, 당신은 자녀 육아기에 배우자와 서로를 배려하고 협조하며 어떤 지원을 해줄 수 있는가?

5

자녀교육은 부부 눈높이를 맞춰라

마흔이 넘어 결혼한 최 부장은 아이가 동기들의 자녀보다 많이 어리다. 늦은 나이에 귀하게 얻은 아이를 최 부장은 바람 불면 날아갈세라 정성껏 대했다. 그뿐만 아니라 부장급에서 흔히 볼 수 없는 육아휴직까지 신청해 1년을 아이와 온전히 함께했다. 뒤늦은 육아로 몸이 힘들어도 마냥 행복한 시간이었다. 그랬던 아이를 초등학교에 입학시킨 최 부장은 마음이 늘 불안했다. 게다가 아이는 새로운 환경이 낯설어서였는지 먹는 것도 시원찮고 잠도 깊이 못 자며 늘 피곤하다고 이야기하는 것이었다. 그런 아이에게 무엇이라도 해주고 싶은데 어떻게 해줘야 하는지 몰라 동기들에게 물어봐도 딱히 시원한 답을 들을 수 없었다. 그래서 최 부장은 가능하면 정시 퇴근해서 저녁은 늘 아이와 함께하려 노력했다.

그런 그에게 고민이 생겼는데 아이가 미술 학원과 태권도 학원에 다니며 아이들에게 욕이나 유행하는 줄임말을 배워 그 말들을 쓰는 것이었다. 걱정스러워진 최 부장이 아이에게 '지금 하는 말이 무슨 뜻인 줄 아느냐'고 물었더니 모른다고 대답했다. 답답해진 최 부장이 아내에게 걱정을 내비치자 아내는 그 말은 또래의 아이들이 쓰는 집단문화로 잠깐 쓰고 말 거라며 걱정하지 말라고 했다. 그 말을 듣고도 마음이 놓이지 않았던 최 부장은 생각 끝에 김 코치를 찾았다.

최 부장: 김 코치님, 요즘 아이가 진짜 걱정돼서요. 아이가 여러 학원에서 또래 아이들을 만나면서 욕이나 요즘 유행하는 줄임말을 배워와요. 그뿐 아니라 저와 대화할 때도 아무런 거리낌 없이 쓰더라고요. 어허 참, 어이가 없어서! 한번은 남자를 지칭하는 욕을 하기에 그게 무슨 뜻인 줄 아느냐고 물었더니 그냥 아이들이 쓰니까 따라서 쓴다네요. 참다못해 "말뜻 좀 알고 예쁘게 말하자" 했더니, "짜증 나!"라면서 방문을 쾅 닫고 들어가더라고요. 그래서 쫓아가 제가 문을 열려고 하는 사이에 녀석이 문을 잠갔고 더 화가 난 제가 문을 열라고 쿵쿵 치다가 너무 힘을 줬는지 방문에 구멍이 뚫려버렸어요. 아, 진짜 얼마나 놀랐던지! 그런 일이 처음이라 저도 많이 당황했거든요. 아이도 놀랐겠지만, 그 사건 이후로 아이도 저도 서로를 슬슬 피하고 있어요. 늦은 나이에 귀하게 얻은 자식이라 조심조심, 참았는데 관계가 틀어지는 건 순간이더라고요. 문에 구멍이 나는 건 다른 집 일로만 알았는데 우리 집에서 그런 일이 일어나다니 어처구니가 없네요.

김 코치: 아, 진짜요? 많이 놀라셨겠어요. 그런데 아이를 둔 집이라면 특히 남자아이라면 충분히 일어날 수 있는 일입니다. 그러니 너무 당황해하지 마세요.

최 부장: 네, 제가 아이를 따라다니면서 하나하나 가르쳐줄 수도 없고. 그런 데다 또래들이 쓰는 단어라 쉽게 배워서 평

소에도 자주 쓸 거 같은데 단어의 뜻도 모르고 아무렇게나 사용하니 걱정도 되고요. 또 본가에 가면 부모님 앞에서 그런 단어를 쓸 것 같아서 조바심이 납니다.

김 코치: 그렇겠네요. 부장님 말씀에 아이가 잘 자라길 바라는 아버지의 마음이 느껴집니다.

최 부장: 그런가요? 제가 아이에게 바라는 게 뭐가 있겠어요? 남들에게 민폐 끼치지 않고 예절 바르고 건강하게 자라면 그것으로 만족이지요.

김 코치: 아내분은 이 일에 대해 뭐라고 하시나요?

최 부장: 아내는 저보다 대범해요. 하아, 그리 고민하지도 않고 한때의 또래 문화로 이해하더라구요. 그런데 생각해보면 사실 저희 때에도 부모님께 예의 없는 말을 쓴다는 말을 듣긴 했네요. 성인이 되며 저절로 없어진 거 같긴한데 부모가 되어보니 아이가 평생 그런 말을 쓸까 걱정이 되는 거지요. 하하. 그때보다 지금 아이들이 사용하는 단어가 더 센 것같이 느껴져 걱정이긴 하지만요.

김 코치: 네, 맞아요. 우리 때 쓰던 말로 한번 이야기 나눠보실까요? 기억은 나세요? 하하, 그렇죠. 그게 아이들 또래의 특징이에요. 그냥 최 부장님은 구분만 해주시면 될 듯한데요. 친구들과는 또래 언어를 써도 괜찮지만, 어른과 대화할 때는 또래 언어를 쓰면 안 된다는 걸 분명하게 이야기해주는 거지요. 또 그런 단어를 쓰면 다른 사람이 자신을 어떤 사람으로 생각할지도 이해시켜주면될 것 같아요. 아이의 문화를 존중해주되, 지켜야 하는 룰이 있으면 가이드를 주고 그 안에서는 자유롭게 지낼

수 있도록 하는 거지요.

최 부장: 그렇군요. 또래 문화를 인정하고, 걱정되는 부분은 지
도하고, 그렇게 행동하면 다른 사람들이 자신을 어떻게
생각할지를 알려주는 거. 지금은 관계가 서먹해서 감정
이 조금 풀리면 그때 이야기해줘야겠어요.

김 코치: 네, 좋습니다. 그리고 저와 대화한 내용과 아이 교육에
대해 아내분과 눈높이를 맞추는 시간이 있으면 좋을 거
같아요. 그리고 아내분과 의견일치를 보신 후에 함께
그 내용을 아이에게 전달하면 시너지가 커집니다. 어떠
세요?

최 부장: 그거 좋네요. 그 생각은 미처 못 하고 저 혼자 다 해결하
려고 했네요. 코치님과 이야기를 나누다 보니 여러 대
안이 생겨 든든합니다.

최 부장은 김 코치에게 고맙다며 웃었고, 김 코치도 최 부장에게
미소를 지으며 "파이팅"이라고 호응해주었다. 아이의 눈높이에 맞춰 의
견을 내고 아이가 이해할 수 있도록 이야기하는 게 필요한 시기를 지나
고 있는 최 부장. 오늘의 이야기로 최 부장은 아이를 더 기다려주고 수
용해주는 아빠로서의 모습을 다시 한번 돌아봤을 것 같다.

자기 안의 답을 찾아가는 셀프 코칭 질문

• 근육 하나, 내가 아이에게 화나는 이유는 무엇인가?

• 근육 둘, 내가 아이에게 진짜 바라는 것은 무엇인가?

• 근육 셋, 내가 아이의 상황이나 마음을 (부분, 전체) 이해하고 있는가?

리더가 구성원에게 해줄 수 있는 코칭 질문

· 꿀팁 하나, 아이가 비속어를 사용하는 상황에서 당신은 어떤 감정을
느끼는가?

_____

_____

_____

· 꿀팁 둘, 당신은 훈육 관점에서 어떻게 아이의 행동에 대처하고
싶은가?

_____

_____

_____

· 꿀팁 셋, 아이의 행동에 대처하는 당신의 효과적인 전략은 무엇인가?

_____

_____

_____

6
다양한 가족 형태를 존중하라

경리부 신 과장은 대학 캠퍼스 커플로 남편을 만나 졸업 후 바로 결혼했다. 결혼 적령기보다 이른 나이에 결혼한 두 사람은 경제적으로 안정된 상태에서 아이를 낳아 양육하기로 약속하고 양가 부모님께도 동의를 구했다. 부부는 호기심이 많고 일에 대한 욕심이 많아서 주중에는 각자 일에 매진하고 주말에는 둘만의 시간을 가지곤 했다. 또 수입은 각자 관리하되 남편은 주택담보대출금을, 그녀는 생활비를 지출했다. 부부는 한 통장에 보너스를 모아서 1년에 두 번씩 꼭 해외 오지를 탐방하며 생활의 활기를 불어넣었다. 계획 임신을 준비하고 있었기에 우선, 직장에서 승진시험에 적극적으로 도전했다. 그 덕에 부부는 각자의 자리에서 든든한 허리 역할을 하며 능력을 인정받는 직장생활을 하고 있다.

부모님 속을 태우던 동생은 신 과장보다 늦게 결혼했지만 먼저 아이를 낳았다. 친정집에서 조카는 첫 아이였기에 부모님은 먼저 결혼한 첫째, 신 과장의 기분을 살폈지만, 첫 손주를 보는 기쁨을 감출 수는 없으셨다. 늘 집이 정돈된 상태를 좋아하셨음에도 부모님은 아이 물건이

김 코치가 알려주는 관계 소통

여기저기 놓여 있어도 다 허용하시며 어느덧 아이는 가족의 기쁨이고 행복의 의미가 되었다. 가끔 친정집에 들를 때면 아기 전용 파우더 코튼 향이 신 과장의 기분마저 뽀송뽀송하게 해주는 듯했다. 동생의 출산으로 변화하는 가족 분위기를 보며 그녀는 아이의 존재가 얼마나 귀한지 가까이에서 느끼게 됐다. 신 과장 자신도 이제 아이 소식을 노심초사 기다리는 입장이었음에도 마음처럼 되지 않아서 조급함이 불안감으로 바뀌어 가는 시점이었다.

엄마와 함께 뒤뚱거리며 걷는 두 돌이 지난 듯한 아이의 뒷모습을 바라보고 있던 신 과장에게 김 코치가 인사를 건넸다.

> 김코치: 어머나, 아이가 정말 귀엽네요. 신 과장님도 아이를 기다리는 중이시죠?
>
> 신 과장: 정말 귀엽죠. 네, 그런데 이번에도 잘 안 돼서 시험관 시술을 해야 하나 고민 중이에요. 해외영업팀 박 과장도 통 소식이 없어서 시험관을 시도했는데 성공해서 10주 차라고 하네요. 이젠 그런 소식 들으면 부러워져요. 또 한편은 둘만의 생활에 익숙해져서 육아를 어떻게 할지 조금 두렵기도 해요. 그런데 막상 조카를 보니 참 예뻐서 빨리 낳고 싶은 마음도 커지네요.
>
> 김코치: 그러게, 마음이 오락가락하실 거 같아요. 또 첫 조카니 얼마나 예쁘겠어요.
>
> 신 과장: 맞아요, 정말 예쁘더라고요. 저희 부부는 고민하기 시작한 지는 조금 됐지만, 지금까지 임신으로 스트레스를 받지는 않았는데, 자의 반 타의 반 딩크족(Double Income,

No Kids)이 되어가는 거 같아 이제는 마음을 정해야 할 시점인 듯해요.

김 코치: 그러게요. 아마 신 과장님이 워킹맘 생활을 해야 해서 생각이 많아지시나 봅니다. 요즘 결혼 연령도 늦어지고 맞벌이 부부가 늘어나 만 35세의 고령 산모 비중도 증가추세라고 합니다. 그래서인지 주변에 난임 부부 소식도 많아지고 있고요.

신 과장: 네, 듣고 보니 시간이 갈수록 출산과 육아는 용기가 필요한 거 같아요. 이제는 남편과 임신에 대해 조금 더 구체적인 계획이나 앞으로 어떻게 하고 싶은지를 이야기해봐야겠어요. 늘 남편과 이런 이야기를 나눌 때는 핵심을 다루지 못하는 듯한 느낌이었는데, 이젠 정말 진지하게 생각을 나눈 후, 시험관 시술을 할지 딩크족으로 살지를 결정해야 하겠어요. 김 코치님이 말을 걸어주신 덕분에 뭔가 정리가 된 듯하네요. 좋은 오후 보내세요.

김 코치와 마주쳤을 때 복잡해 보이던 신 과장의 얼굴이 한층 밝아 보였다. 전통적인 가족의 형태에서는 결혼한 부부에게 새로운 세대를 잇기 위해 출산과 육아를 의무로 지운다. 결혼하고 아이가 없는 부부에게 우리 사회는 여전히 '왜 아이가 없는가?'라는 질문을 너무나 당연하게 하는 경향이 있다. 신 과장도 결혼 후 15년을 딩크족으로 살면서 우리 사회의 그런 분위기 속에서 무언의 강박을 느꼈을 것이다. 이처럼 시대와 상황은 변하고 있지만 무심코 던지는 우리의 질문 습관이 변하기 위해서는 시간이 조금 더 필요한 듯하다.

가족의 형태가 다양해지며 개인적 삶의 방식을 존중한다고 하나 여전히 질문을 멈추지 않는 우리 사회. 그런 질문이 상대에 대한 관심을 보여주는 인사 중 하나이겠으나 질문하지 않는 배려 또한 성숙한 사회로 가기 위한 단계임을 인식해야 한다.

또한 여성인력이 우리 사회의 중추적인 역할로 자리 잡으려면, 현시점에서 출산을 장려하기 위한 여러 정책이 우선되어야 한다. 또 난임 부부의 출산 지원과 육아휴직에 대한 정책 또한 보완되어야 한다.

아이를 낳는 선택이 한 가정의 헌신에 그치지 않으려면 온 마을이 아이를 키울 수 있는 토양이 되어야 하는 거다. 바로 우리 옆에서 속사정을 말하지 못한 채 출산을 망설이거나 난임 또는 힘겨운 육아로 인해 매몰되어 있는 동료가 있지 않은지 살펴봐야겠다고 김 코치는 신 과장과의 대화를 통해 다시 돌아보게 됐다.

자기 안의 답을 찾아가는 셀프 코칭 질문

- 근육 하나, 가정의 가치와 행복의 척도를 고려했을 때 아이는 내게/
부부에게 어떤 의미가 있는가?

_____

_____

- 근육 둘, 출산, 입양, 반려동물 등에 의해 가족의 형태가 다양하게
변화하고 있다. 부부는 다양한 가족 형태에 대해 어떻게 생각하는가?

_____

_____

- 근육 셋, 부부는 서로에게 어떤 지원을 기대하고 있으며, 그 지원을
어떻게 표현할 수 있을까?

_____

_____

리더가 구성원에게 해줄 수 있는 코칭 질문

· 꿀팁 하나, 당신은 파트너에게 자신이 원하는 가족의 형태에 대해
솔직한 감정을 어떻게 표현해볼 수 있을까?

_____

_____

· 꿀팁 둘, 당신은 자녀 계획에 대해 명확한 목표가 있는가? 있다면
현재 느끼고 있는 우려는 무엇인가?

_____

_____

· 꿀팁 셋, 당신은 어떻게 하면 양가 부모님과 자녀 계획에 대해
편안하게 이야기 나누고, 조언을 구할 수 있을가?

_____

_____

7

세대 간 돌봄을 준비하라

김 코치는 예전에 함께 일했던 재무팀 강 부장의 첫째 아들이 군대에 간다는 소식을 들었다. 강 부장이 엊그제 결혼한 듯한데 어느덧 세월이 그리 흘렀다니. 그녀에게는 결혼 후에 바로 생긴 첫째 아들이 있었고 첫째가 걷기도 전에 덜컥 둘째가 생겨서 그녀가 많이 고민했던 기억이 생생했다. 김 코치는 아들 입대 축하 겸 안부 겸 해서 강 부장을 찾아갔다.

> 김코치: 아들이 군대에 갔다고요? 축하드립니다. 부장님께서 발
> 동동거리시던 때가 생각납니다. 우렁각시 친정어머님
> 도 안녕하시지요?

> 강부장: 저희 어머니 연초에 뇌출혈로 쓰러지셔서 지금 병원에
> 계세요.

> 김코치: 어이쿠, 그러셨군요. 그런 일이 있으셨군요. 얼마나 심
> 려가 크세요. 부장님에게는 그 누구보다도 친정어머니
> 가 특별하시잖아요.

강 부장: 그렇지요. 생각지도 못한 연년생을 낳는 바람에 친정어머니 도움을 많이 받았지요. 어머니께서 제가 회사 일에 집중할 수 있도록 새벽에 일어나서 제가 퇴근할 때까지 정성스레 아이들이며 집안일에 손을 보태셨지요.

김 코치: 네, 어머니가 사교적이셔서 경비 아저씨며 아파트 주민들이 부장님 부부는 몰라도 어머니와 아이들을 잘 알고 있어서 아파트 이웃들이 아이들을 함께 키웠잖아요. 정말 그 이야기 듣고 많이 감동했고, 한편으로는 부러웠지요. 그런 분께서 병원에 계시다니 마음이 많이 아프네요.

강 부장: 몇 차례 급한 상황이 있었지만 다행히 잘 넘겼어요. 어머니는 당신의 삶이 잡초 같아서 생명력이 질기다고 했었는데 그 잡초의 생명력 덕에 지금 어머니가 버티고 계신 듯해요. 병원에서는 간병인이 어머니를 보살피고 있는데 간병인이 박수 요청하면 어머니가 손을 모아 손뼉을 친다고 하시더라고요. 이제는 시간차를 두고 조금씩 호전되셔서 일상으로도 복귀하시길 기다리고 있습니다.

김 코치: 그러시군요. 조금씩 차도가 있다고 하니 마음이 조금 놓입니다.

강 부장: 네, 어머니 젊었을 때 한여름 땡볕에도 저희 학원비 대신다고 노점상에서 과일을 팔면서 힘들게 사셨어요. 그래서 어머니가 건강하게 제 곁으로 오실 수 있다면 어머니와 하고 싶은 것들을 해보고 싶어요. 어머니 상태가 호전되니 이런 생각까지 드네요.

김 코치: 네에, 그럴 수 있겠어요. 부장님 말씀에 어머니에 대한 마음이 전해져옵니다.

강 부장: 네, 원래 어머니가 흥이 많으신데요. 그 흥으로 험한 세월을 이겨내셨는데 지금도 어머니의 흥이 발휘되어 버텨내셨으면 좋겠어요.

김 코치: 네, 그러시겠지요. 흥은 어머니께서 이미 가지고 계신 장점이니 그 힘으로 쾌유하시리라 생각해봅니다. 살다 보면 우리가 이런저런 상황에 놓이는 거 같아요. 특히 이제 부모님이 연로하시니 집집마다 환자가 없는 것이 행복이라고들 하잖아요. 그래도 우리가 그럴 때 어떤 마음으로 그 상황을 대하는지가 참 관건인 것 같아요. 강 부장이 어머니를 돌보듯 저도 어머니를 잘 돌봐드려야겠다는 생각이 드네요.

김 코치는 강 부장을 만나고 돌아오는 길에 주어진 상황을 이겨내는 강 부장의 어머니 이야기를 들으며 친정어머니 생각이 났다. 강 부장에게 말하지는 않았지만 사실 김 코치의 어머니도 뇌출혈로 쓰러져 병원 생활 중이다. 그녀 또한 집안 곳곳에 배어 있는 친정어머니의 손길이 그립다. 그녀가 퇴근하면서 어머니에게 뭐가 먹고 싶다고 요청하면 바로 뚝딱 만들어 내어주시던 그 친정어머니의 음식이 그립다. 어찌 생각하면 지금의 김 코치가 있기까지 김 코치의 손을 대신했던 든든한 버팀목이었던 친정어머니, 부식 거리 알뜰하게 챙겨서 보내주시는 시어머니, 자신의 요청에 바로 답하는 배우자, 아이들을 살펴주신 야쿠르트 아주머니와 이모님들, 아파트 주민분들, 경비원 아저씨, 어린이집과 유치원 원장님, 모두가 김 코치의 조력자였다.

김 코치가 알려주는 관계 소통

어머니가 만약 건강이 회복돼 돌아오신다면 이제 김 코치가 어머니께 음식을 해드리고 싶다. 온 동네가 아이를 키우듯 돌봄도 부모에서 자녀로 자녀에서 부모로 되돌려드릴 수 있다면 우리 사회는 더 건강해질 것이다.

세대 간 돌봄을 준비하는 리더에게 하는 질문

자기 안의 답을 찾아가는 셀프 코칭 질문

- 근육 하나, 세대 간 돌봄을 준비하는 과정에서의 어려움과 그 속에서
배우는 것은 무엇인가?

_____

_____

- 근육 둘, 세대 간 돌봄 상황에서, 나 자신은 어떻게 균형을 잡고
있는가?

_____

_____

- 근육 셋, 세대 간 돌봄으로 힘든 상황을 마주할 때, 어떤 가치관이
힘이 되는가?

_____

_____

김 코치가 알려주는 관계 소통

- 꿀팁 하나, 당신은 세대 간 돌봄을 어떻게 이해하고 준비하고 있는가?

_____

_____

- 꿀팁 둘, 당신이 세대 간 돌봄 상황을 마주하게 된다면, 어떤 생각을 하고 목표를 세울 것인가?

_____

_____

- 꿀팁 셋, 당신이 가족을 돌보는 중에 긴급상황이 발생했다면, 어디로 어떻게 긴급 도움을 요청할 것인가? (공공기관 민원 서비스, 돌봄기관, 친인척, 가까이 사는 지인 등)

_____

_____

사통팔달, 직장소통법

> 리더들이 고민하는 부서장의 역할, 세대 간 소통, 조직문화 등의 내용을 바탕으로 소통의 관계를 어떻게 만들어갈 것인가를 김 코치의 코칭을 통해 풀어간다.

1

사람에게 먼저 관심을 가져라

책임감 있고 자신의 신념이 확고해서 실행력이 뛰어난 이 대리. 한 번 맞다고 생각하면 어떠한 시련과 어려움에 부딪혀도 자신의 생각을 끝까지 밀고 나가 해결하는 저력이 있다. 팀장은 그런 이 대리의 실행력에 칭찬을 아끼지 않지만, 이 대리의 직속 상사인 최 과장은 이 대리에게 아쉬움이 있다. 최 과장이 그를 바라볼 때 이 대리는 자신의 신념이 확고한 대신 상대의 관점에서 바라보고 생각하는 능력은 많이 부족해서 늘 관련 부서 담당자들과 불협화음을 일으킨다. 주변 담당자들은 최 과장에게 이를 토로하지만 그렇다고 눈에 보이는 결과물을 가져오는 이 대리에게 뭐라고 할 수 없어서 최 과장도 이 대리를 어떻게 성장시켜야 할지 고민이 이만저만이 아니다.

한편 최 과장의 속을 모르는 이 대리는 최 과장이 상대 부서의 요구사항을 듣고 협업 모드로 가이드를 주려고 하면 상대 부서를 편든다며 짜증스러운 표정으로 최 과장 앞에서 불만을 표시한다. 또 팀장에게 이 대리의 보완점에 관해 이야기하면 팀장은 "사람이 어떻게 모든 것을 다 잘할 수 있느냐"며 이 대리를 감싼다.

올해 승진 대상자인 이 대리는 대부분 개별 프로젝트만을 진행하고 성과를 냈던 터라 간부가 되면 후배들과 어떻게 지낼지 최 과장은 걱정과 우려가 앞선다. 그는 답답한 마음도 풀 겸 또 이 대리가 성장하려면 어떤 방법이 있는지 의견도 들을 겸 회사 상황을 잘 아는 김 코치를 찾아갔다.

김 코치: 최 과장님, 안녕하세요.

최 과장: 네, 안부도 드릴 겸 고민도 상담할 겸 해서 왔습니다.

김 코치: 네, 언제든 환영입니다. 어떤 내용일지 궁금해집니다.

최 과장: 우리 부서에 결과물 잘 내는 이 대리 이야긴데요.

김 코치: 이 대리라고 하면 과장님 부서에서 성과 잘 내는 친구 말씀이지요?

최 과장: 네, 맞습니다. 일을 시키면 결과물 바로 가져와서 팀장님도 예뻐해주시고. 우리 부서의 보물이지요. 그런데 상대를 배려하지 않고, 다른 사람 생각을 안 해서요. 관련 부서와 갈등이 있을 때는 제가 중간에 조율해주곤 했는데요. 제가 조금이라도 도움이 되는 말을 해주면 잔소리라고 생각하고 본인이 하고 싶은 이야기로 화제를 바꾸곤 합니다.

김 코치: 그렇군요. 조금 더 말씀해보시겠어요?

최 과장: 네, 단독 프로젝트를 진행할 때는 상관없는데 다른 부서와 협업이 필요하거나 도움이 필요한 일에 대해서 잘 해결할 수 있을지 걱정입니다. 올해 프로젝트 결과가 좋아 아마도 연말에 간부가 될 듯합니다만 상대 부서와

갈등이 생기면 어떻게 해결해나갈지 벌써 걱정됩니다.

김 코치: 많이 걱정되시는군요. 그런데 보통은 본인이 '어떻게 하면 승진할까?' 하고 자신이 앞으로 나갈 일에 대해서 고민을 많이 하게 되는데, 과장님께서는 후배 성장에 대해 생각하시는 모습이 멋지십니다.

최 과장: 그런가요? 고맙습니다. 저랑 같이 일하는 동료라 장점과 개선할 점이 보여서요.

김 코치: 네에, 상대의 장점과 개선점 전체를 보고 계시는군요! 그런데 이 대리는 주변 부서가 자신과 함께 일할 때 불편해한다는 것을 알고 있을까요?

최 과장: 글쎄요, 보통은 중간에 제가 조율해서 일이 진행되게 했는데요. 이 대리가 그것을 심각하게 고민하는지는 잘 모르겠네요. 그러고 보니 이번에 자신을 돌아볼 수 있도록 기회를 만드는 것도 좋을 것 같습니다.

김 코치: 네, 그것도 좋을 것 같습니다. 어떤 방법이 있을까요?

최 과장: 음…. 이번에 이 대리가 진행했던 프로젝트 성과와 관련 부서에서 나왔던 불만 사항을 정리해서 제가 중간에 어떻게 처리했는지를 보여주면 좋겠습니다.

김 코치: 네에, 객관화시키면 구분도 되고, 또 관련 부서와 그런 상황이 발생하면 어떻게 조율하는지 과장님의 방법도 배울 수 있어서 좋을 것 같습니다. 혹 다른 게 있다면 또 어떤 방법이 있을까요?

최 과장: 음…. 주변 부서에서 이 대리와 함께 일하는 것을 피하고 있다는 것을 시간을 따로 내 둘만 한잔하면서 이야기해보려고요.

김 코치: 그것도 좋은 방법입니다. 보통은 '자기 모습을 그대로 직면'할 때 사람은 가장 빨리 변화한다고 하는데요. 그 전에 '자기에 대한 이해'가 중요합니다. 그리고 이 대리가 이겨내는 힘이 있는지를 먼저 생각하고 직면시켜야 해서 세심한 관찰이 필요합니다. 그런데 과장님, 혹시 이 대리의 가족관계에 대해 아시는지요?

최 과장: 아니요, 그러고 보니 이 대리는 자기 가족 이야기를 많이 하지 않는 듯합니다.

김 코치: 과장님이 이야기할 때 본인이 듣기 불편한 내용은 화제를 바꾼다고 해서, 소통의 패턴이 아닌가 하는 생각에서 여쭤봤습니다. 지금의 이 대리가 자란 환경이 어떠했는지 가볍게 물어보면 좋겠습니다. 가족들과 어찌 지내는지도 알면 이 대리를 이해하는 데 많은 도움이 되실 것 같습니다. 무엇보다 이 대리가 과장님께 어떤 자세로 대응하는지도 보면서 과장님 마음을 전하면 좋겠습니다.

최 과장: 네, 김 코치님, 정말 감사합니다. 답답한 마음에 고민이나 털어놓을까 하고 왔는데 종합선물 세트를 받고 가는 기분입니다. 중간관리자로서 후배들을 어찌 봐야 하는지도 배우고 갑니다. 진짜 감사합니다.

최 과장이 가지런하게 이를 드러내어 웃으며 돌아선다. 부서원을 챙기는 그의 뒷모습이 든든하게 느껴진 김 코치는 최 과장에게 조금이라도 도움이 되었으면 하는 바람이다.

사실 개인의 성장은 본인의 노력만으로 이루어지지 않는다. 또한 결과를 만들어내는 것은 상황과 조직의 힘뿐만이 아니며 함께 일하는 동료들이 지지하고 있음을 알아야 한다. 조직의 기본은 부서장과 부서원 간의 상호 신뢰이며, 이를 기반으로 개인 역량과 조직의 역량이 시너지를 발휘하여 조직 목표 달성에 기여한다. 조직의 구성원은 개별적으로 개인의 가정 문화 가치와 교육을 통해 자신만의 가치관이 형성되고, 이를 기반으로 감정과 연결되어 자신의 캐릭터가 형성된다. 구성원이 자주 사용하는 단어를 통해 그 구성원의 생활환경을 파악할 수 있으며 어떤 것에 관심이 있는지도 확인할 수 있다. 또 태어날 때부터 개인이 아닌 사회 구성원으로 관계 속에서 상호작용하면서 성장한다. 시시때때로 발생하는 다양한 상황에 각 구성원이 어떻게 자극받고 인식하느냐에 따라 구성원의 근무 태도와 대응 자세는 달라질 수 있다. 부서원을 진정으로 성장시키고자 한다면 일단 그의 가치관과 감정 그리고 그가 사용하는 언어를 세심하게 관찰하고 인정해보자. 이 과정에서 부서장과 부서원의 신뢰가 형성된다. 이를 통해 관계의 에너지 흐름이 편안해지면 더없이 좋은 파트너가 된다. 그러다 보면 각자의 경험자산이 쌓이게 되어 삶이 더 풍성해진다.

자기 안의 답을 찾아가는 셀프 코칭 질문

· 근육 하나, 회사에서 기대하는 리더의 소통 모습은 무엇인가?

· 근육 둘, 의견 충돌 시 어떻게 효과적으로 상대방과 소통할 것인가?

· 근육 셋, 구성원들의 강점을 어떻게 활용해 팀을 한 방향으로 이끌
  수 있을까?

• 꿀팁 하나, 당신이 다양성을 인정하면서 성장하려면 리더십 스타일을 어떻게 발전시킬 것인가?

• 꿀팁 둘, 당신은 상대방의 관점을 이해하고 존중하는 데 어떤 노력을 기울일 것인가?

• 꿀팁 셋, 당신이 상대방의 강점과 가치를 최대한 활용하면 팀 전체에 어떤 시너지가 날 수 있을까?

2

'왜'보다는 '어떻게'에 집중하라

성격이 시원하고 막힘이 없는 불도저 박 과장은 사고의 기준이 분명하고 일관성 있게 일 처리를 한다. 그는 주변 사람들에게 가끔 과하게 작업을 요구하기도 하지만 박 과장의 성격을 아는 동료들은 그의 요청에 빠르게 대응해준다. 그러다 보니 박 과장이 진행하는 일은 대부분 결과를 바쁘게 확인할 수 있다. 또한 박 과장은 평소에 주변의 모든 현상에 대해 왜 그런지 물음표를 달고 주변을 살핀다. 그의 이런 성향은 일을 바라보는 관점과도 맞닿아 있어 업무 개선 활동에도 남다른 탁월함으로 발휘된다. 또 그의 후배 사랑은 남다르다. 막히는 부분을 시원하게 가이드 해주면서 문제를 해결해주는 멋진 선배로도 유명하다. 이렇게 업무 능력을 인정받고 주변의 인기를 한 몸에 받는 박 과장이지만 동료나 선후배들 간의 사적인 소통에서는 애매함이 느껴지곤 했다. 박 과장은 왜 그럴까 고민하다 김 코치를 만나러 갔다.

박 과장: 김 코치님, 저 또 코치님 만나러 왔어요. 후배들이 제게
조언을 구하면 제가 아는 범위에서 가이드를 해주고 어

떻게 하면 제 일처럼 빨리 해결할지 나름 고민해서 해결방안을 주는데요. 대화가 끝나고 나면 뭔가 감정적으로 찝찝함이 남아 있는 듯 느껴져요. 왜 그럴까요?

김 코치: 그러시군요. 그렇게 느껴진다면 무척이나 궁금하겠어요?

박 과장: 네, 제가 왜 그럴까 며칠 곰곰이 생각해봤는데, 문제해결 쪽에서는 제가 잘 가이드 했고요. 후배가 그대로 처리해서 추가로 문제가 발생하지 않았으니 괜찮은 것 같아요. 그런데 이게 참 애매한 게 겉으로는 나타나지 않는데 제 스스로 뭔가 찝찝한 게 느껴져서 그게 뭔지 알고 싶어졌어요.

김 코치: 그렇군요. 저도 그게 뭔지 궁금해지네요. 같이 찾아보면 좋겠어요. 제가 아는 과장님이라면 문제의식이 있고 처리 기준도 일관성 있고 명확하여 과장님께서 말씀하신 것처럼 업무 면에서는 괜찮을 듯합니다. 사람과의 관계에 대해 생각해보면 좋겠어요. 혹시 이야기를 나눌 때 박 과장님은 주로 질문을 어떻게 하세요?

박 과장: 음…, 저는 5Why 질문을 좋아합니다.

김 코치: 오호, 그러시군요!

박 과장: 저는 궁금하면 5Why 질문을 자주 쓰곤 해요. 왜냐하면 어떤 문제에 봉착했을 때 왜 그런지 다섯 번 질문하면 그 문제의 본질에 가깝게 접근하게 되는 것 같아요.

김 코치: 네에, 그 질문법이라면 저도 알지요. 문제를 해결하기 위한 탁월한 질문법이지요. 그런데 과장님, 제가 궁금한 것은 이 질문법이 사람들 간의 친밀도를 높이거나 협업할 때 파트너십을 높이는 데 긍정적인 효과가 있을

까요? 보통 사람들이 '왜'라는 질문을 들으면 자기 행동을 추궁하거나 문책하는 것으로 느껴지기도 하는 것 같아요.

박 과장: 아, 그렇군요. 그리 설명해주니 그렇겠다는 생각이 듭니다. 제가 김 코치님 이야기를 들으면서 예전에 후배들에게 조언해줬던 장면들이 파노라마처럼 스쳐 지나가네요. 제가 느꼈던 그 불편함의 실체를 이제야 조금 알 것 같아요. 제가 왜 그렇게 느꼈는지 알 것 같아요.

김 코치: 뭔가를 찾으신 거예요? 과장님 얼굴이 밝아지셨어요.

박 과장: 네, 좀 시원해졌습니다. 역시 김 코치님이세요. 날씨도 쌀쌀해졌는데 건강 유의하시고 또 뵈어요.

급박하게 돌아가는 직장에서는 대부분 시간에 쫓겨 문제해결에 초점을 맞춰 질문하고 이야기하게 된다. 문제해결에만 접근하다 보면 그 문제를 같이 해결하는 사람과의 관계는 소홀해질 수 있다. 모든 감각이 살아 있는 우리는 찰나의 순간에도 감정을 기반으로 상황을 인식하고 어떻게 대응할지 고민하며 의식적으로나 무의식적으로 늘 깨어 있다. 그렇듯 박 과장의 사례를 보면 문제가 해결됐다고 관계의 감정까지 다 해결된 것은 아니다. 문제를 해결하는 과정에서 질문하는 사람과 질문에 답하는 사람, 선배와 후배, 또 해결 방법을 알고 있는 사람과 배우는 사람의 역할에 따라 각자의 입장이 생긴다.

우리의 마음가짐과 태도는 언어를 통해 상대에게 신호를 보내고 있다. 박 과장의 5Why 질문은 문제해결에는 탁월했으나 관계에서는 불

김 코치가 알려주는 관계 소통

편함을 느끼게 할 수 있다. 특히 '왜'라는 질문을 하면 이 질문을 받는 상대의 뇌는 바로 방어 모드로 전환하면서 내가 무엇을 잘못했는지 과거 자신을 살피게 된다. 이런 과정에서 왜라는 질문에 대응할 자신만의 합리적인 정당화를 찾고 또 필요하면 핑곗거리를 만들기도 한다. 서로가 대화하는 동안 상대와의 심리적 거리감을 두고 감정적으로 불편함을 느끼게 된다. 이 심리적 거리감은 서로가 마음의 작용과 의식의 상태를 느낄 수 있는 사람과 사람 사이의 일정한 거리를 말한다. 각자 자신만의 안전거리인 울타리에서 상대와 관계를 형성하는데, 감정도 그 거리 유지가 필요하다. 이 거리가 가까워지기 위해서 '왜'보다는 '어떻게'의 질문을 통해 상대를 호기심 있게 바라보자.

자기 안의 답을 찾아가는 셀프 코칭 질문

- 근육 하나, 내가 즐겨 하는 질문은 Why인가 How인가?

_____

_____

_____

- 근육 둘, 구성원 간의 의사소통 중 어떤 부분에서 불일치가
  발생하는가?

_____

_____

_____

- 근육 셋, 서로의 관점과 기대를 더 잘 이해하기 위해 어떤 노력이
  필요한가?

_____

_____

_____

리더가 구성원에게 해줄 수 있는 코칭 질문

- 꿀팁 하나, 내 질문은 당신에게 해결책을 주는가? 스스로 탐색할 수 있는 질문인가?

- 꿀팁 둘, 내 질문은 당신의 긍정, 강점, 가능성에 초점을 맞추고 있는가?

- 꿀팁 셋, 나와 당신, 우리의 관계를 향상시키기 위해 서로가 어떤 결과를 도출할 수 있는가?

3
자신의 감정을 잘 살펴라

    자신은 마음이 여려서 상처를 많이 받는다고 생각하는 최 과장. 예민 보스답게 하나부터 열까지 모든 것이 자신의 마음 같지 않아 속상하고 억울하고 짜증 나고 급기야는 분노까지 치민다고 했다. 사실 그는 자신이 그렇게 감정에 예민하게 반응하는지 인식하지 못했다. 그래서 평소에 이런 감정을 살펴보지 않았고 이성적으로 해결하려고 노력했다. 또 조직에서 감정을 드러낸다는 건 자기관리 역량 부족이라고 생각했던 그였다. 어느 날 사내 마음케어센터에서 번아웃 증후군 예방 교육을 받을 때 자신이 섬세한 감정선을 가지고 있음을 알았다. 아마도 조금씩 쌓인 스트레스가 자신을 집어삼켜 자기도 모르는 사이에 분노 조절도 어려워지지 않았나 하는 생각이 들었다. 그러다 보니 그는 늘 불평을 달고 살았고 속으로 삭여야 하는 말도 입 밖으로 뱉어서 주변의 공기가 싸해지게 했다. 무엇보다 같이 일하는 동료들이 최 과장을 멀리하기 시작했다.

    반면 같은 부서에 자신의 의견을 잘 전달하는 김 대리가 있다. 그는 신세대를 대표한다. 컴퓨터 관련 기기를 잘 다뤄 부서 내 컴퓨터를 새로 바꾸는 날이나 프린터기 연결이 필요할 때면 여기저기에서 김 대리에게 러브콜이 쇄도한다. 또한 김 대리는 자동차 마니아로 자신의 단독 미디어 채널을 가지고 있으며, 전문가 수준의 깊이 있는 지식과 정보를 가지고 있으며, 인적 네트워크도 탄탄하다. 그는 늘 주변과 이야기하기 좋아하고 자신감 넘치며 적극적인 태도로 옆 부서까지 소문이 났다. 반면 너무 투명하고 솔직해서 대화하다 보면 조금은 위태롭게 보일 때가 있다. 특히 스스로 많이 참고 있다고 생각하는 최 과장과 회의할 때는 지켜보는 주변 동료들이 조마조마하여 마음을 졸이거나 가슴을 쓸어내릴 때가 종종 있다.

오늘은 최 과장이 2주의 힐링 캠프를 다녀온 첫날이다. 이 캠프는 외부와 철저하게 단절시키고 오로지 자기 몸에 집중할 수 있게 커리큘럼이 짜인 회사 프로그램이다. 주 52시간 이상을 근무하며 일에 집중하는 사람을 대상으로 실시하고 있으며, 최 과장도 번아웃 지수가 높아서 다녀왔다. 최 과장은 평소에 후배들의 이야기를 잘 들어준다는 김 코치를 찾아갔다.

김 코치: 과장님, 힐링 캠프는 잘 다녀오셨어요?

최 과장: 네, 덕분에 잘 다녀왔습니다. 그런데 김 대리를 본 순간 다시 여러 감정이 올라오는 것 같아서 많이 당황했습니다. 어떻게 해야 할지 몰라서 먼저 김 코치님을 만나 뵈러 왔습니다.

김 코치: 그러셨군요. 여러 감정이 올라온다니 많이 놀라셨겠어요. 잘 오셨습니다.

최 과장: 제가 김 대리를 딱히 미워하지는 않는데요. 뭐 그렇다

고 또 예쁘지도 않습니다. 그런데 그만 보면 폭풍처럼 감정들이 올라오는 것 같아요. 왜 그럴까요?

김 코치: 그러시구나. 저도 궁금한데요. 과장님 생각에 왜 그러는 것 같으세요?

최 과장: 음, 먼저 김 대리는 매사에 자신감이 넘쳐요. 자신의 마음도 주변 동료들에게 털어놓으며 이야기도 잘하고요. 김 대리를 생각하면 자신감 넘치고 뭔가 시원함이 느껴져요.

김 코치: 네에, 그런 김 대리를 다르게 표현해본다면 어떤 단어가 떠오를까요?

최 과장: 음…, 글쎄요. 다른 단어라. 세상에…!

김 코치: 뭔가가 떠올랐군요? 그런데 놀라신 듯합니다. 어떤 단어인가요? 감정 단어도 좋고 지금 막 느껴지는 단어라도 괜찮습니다.

최 과장: '얄미움'이요. 제가 김 대리를 이렇게 생각하고 있는 줄 몰랐는데 이야기하고 나니까 조금 부끄러운데요.

김 코치: 그 얄미움은 어디에서 왔을까요?

최 과장: 글쎄요, 얄미움이라. 생각해보니 저는 예민해서 많은 감정들을 느끼는데도 표현하는 게 어렵고 힘든데 김 대리는 자연스럽게 하고 있으니 그게 부러웠나 봅니다.

김 코치: 지금 중요한 말씀을 해주셨는데요. 그리 이해되고 생각하니 지금 기분은 어떠세요?

최 과장: 알아냈다는 시원함도 있고 마음이 편해진 것 같습니다.

김 코치가 알려주는 관계 소통

김 대리에 대한 자신의 마음을 알고 자리로 돌아온 최 과장은 마음이 한결 가벼워졌다. 힐링 캠프로 몸에 여유가 생겼다면, 김 코치와의 대화를 통해 마음에 여유가 생긴 듯 선선한 바람이 불어왔다. 최 과장은 예전이라면 후배인 김 대리에게 부러움이 있다는 그 자체가 자존심 상하게 느껴졌겠지만, 지금은 각자의 장점에 대해 인정하고 편하게 바라볼 수 있게 됐다. 분명 자신이 김 대리의 선배로 회사에서 업무 경험도 많고 성과도 잘 냈지만, 또 김 대리가 잘하는 부분에 대해서는 인정해주는 게 당연하다고 생각했다. 이런 과정을 겪으며 최 과장 자신이 조금 더 성숙해졌다고 느껴졌다. 왠지 김 대리를 만나면 더 반갑고 챙겨주고 싶다는 생각이 들었다.

　　우리는 위의 최 과장의 사례에서 볼 수 있듯이 자신이 어떤 유형의 사람이고 또 어떤 상태와 기준으로 세상을 바라보고 대하는지 알아차린다는 것은 관계 형성에 있어서 출발점이 된다. 자신을 이해하게 되면 관계가 안 좋았던 상대에 대해서도 이해할 수 있는 계기가 되고 또 풀어갈 수 있는 기회와 마음의 여유가 생긴다. 한발 더 나아가 자신에게 일어나는 감정에 충실해보자. 화가 나는 나와 화를 내는 나는 다르다. 외부의 어떤 자극으로 자신의 감정이 건드려졌는지 알아차리는 과정은 자신을 알아가는 하나의 조각이 된다. 그 감정을 인정하고 느끼고 살펴서 감정에 이름을 붙이고 또 그것이 내 몸 어디에 머물러 있는지 바라보자. 그 이후에 하나씩 메모해보는 것도 좋고 또 평소에 서로 간에 신뢰가 있다고 생각하는 사람과 이야기 나누는 것도 감정을 인정하고 다스리는 데 많은 도움이 된다.

자기 안의 답을 찾아가는 셀프 코칭 질문

- 근육 하나, 주는 것 없이 미운 동료나 부서원이 있는가?

- 근육 둘, 그 사람을 보면 어떤 감정, 어떤 단어가 생각나는가?

- 근육 셋, 그 사람과 나의 차이점이 있다면 어떤 것인가?

리더가 구성원에게 해줄 수 있는 코칭 질문

- 꿀팁 하나, 당신이 감정에 흔들리는 이유는 무엇이라 생각하는가?

  _____

  _____

  _____

- 꿀팁 둘, 그렇게 생각하는 이유는 사실인가, 자신의 해석인가?

  _____

  _____

  _____

- 꿀팁 셋, 반대로 상대가 그 상황이나 사실을 생각한다면 어떻게
  이야기할 수 있을까?

  _____

  _____

  _____

4
다년차 직원의 경험을 믿어라

저 멀리에서 누군가가 김 코치를 반갑게 부르면서 다가오고 있다. 가까이에서 보니 예전에 함께 일했던 최 부장이었다. 아니, 이제는 상무이다. 김 코치와 최 상무는 입사 동기로 나이와 직급은 달랐어도 격 없이 지내는 사이였고, 회사 생활에서 각자의 고민을 공유하며 상하 간의 고충에 대해 이해할 수 있는 기회가 됐다. 출발점이 다른 두 사람은 각자의 길에서 서로가 성장할 수 있도록 돕는 파트너였다. 김 코치가 코칭 공부에 입문한 것도 최 상무의 조언으로부터 시작됐다. 긍정적이고 다른 사람에게 관심이 많은 김 코치가 코칭을 배운다면 더 많은 사람이 김 코치의 도움을 받을 수 있을 거라는 최 상무의 권유가 있었다. 그런 이유로 최 상무도 복잡한 일이 생기면 종종 김 코치를 찾아와 가볍게 차한 잔을 나누면서 머리를 식히곤 했다.

김 코치: 상무님, 여긴 어쩐 일이세요? 잘 지내시지요?

최 상무: 그래, 김 코치도 잘 지내지? 이 근처에 미팅하러 왔다가 김 코치님께 안부 문안드리려고 일부러 찾아왔지.

김 코치가 알려주는 관계 소통

김 코치: 아이고, 황송하네요.

최 상무: 자네 강 차장 알지? 예전에 일하면서 관련 부서를 강하게 밀어붙였던 불도저 강 차장 말일세.

김 코치: 네, 알지요. 요즘도 한 열정 하시나요?

최 상무: 열정은 지난 일이고, 요즘 내 밑에서 근무하는데 신경이 많이 쓰이네. 번아웃 돼서 한 1년 쉬다 복직했는데 현업에서 물러나서 그런지 다시 적응하는 게 쉽지 않은 듯 보이네. 강 차장을 어떻게 해야 할지 참 난감해.

김 코치: 아, 강 차장이 그리됐군요. 상무님도 걱정되고 난감하시겠어요.

최 상무: 그래, 그렇다네. 내가 올해 상무 1년차라 나름 윗선에서는 기대감도 있어. 그런데 우리 팀에 강 차장을 포함해서 내가 살펴야 할 인원이 세 명인데, 이 인력들을 어떻게 면담해야 할지 걱정이 이만저만이 아니라네.

김 코치: 세 명씩이나요? 안쓰럽기도 하고 많이 답답하시겠어요. 그런데 강 차장이요. 그 열정의 아이콘이 번아웃 됐군요. 일 욕심도 많고 책임감이 강해서 고속 승진할 줄 알았어요.

최 상무: 그래, 강 차장이 일을 참 잘했지. 그런데 몸에 이상증세가 발견되면서 요양하느라 1년 쉬고 그 이후에 복귀했는데 회사에 적응을 못 하더라고. 아마 업무 감도 떨어지고 후배들이 치고 올라오니 자존심이 상했을 테지. 그런데 며칠 전 강 차장과 지나가다 잠깐 이야기했는데 다시 일해보고 싶다고 자기에게 기회를 달라고 하더라고.

김 코치: 네, 강 차장은 현장에서부터 일을 시작했기에 지금은

조금 힘들겠지만 바로 따라잡을 수 있지 않을까요?

최 상무: 곧 그 세 명에 대해 면담을 해야 하는데, 그들에게 어떤 게 동기부여가 되고 또 어떻게 줄 수 있을지 걱정이네.

김 코치: 그러게요. 상무님께서 당장 그분들에게 해주실 수 있는 일이 뭐가 있을지요?

최 상무: 글쎄, 지금 내가 그 사람들에게 해줄 수 있는 건 심리적으로 회사에서 편안하게 근무할 수 있게 지원해주는 거 아닐까.

김 코치: 네에, 그분들에게 무엇보다도 심리적 안정감이 중요할 듯합니다. 편안한 근무 환경이 주어진다면 기존 장점들을 다시 살려볼 수 있을 것 같기도 하고요. 아마도 세 분 모두 회사에 입사했을 때 학교에서는 잘나가는 사람들이지 않았을까요?

최 상무: 그렇지. 모두 훌륭한 인재들이었지. 산업 역군들로 월화수목금금금 성실하게 일해서 회사 브랜드 가치도 높아지고 또 개인적으로는 역량을 인정받아 승진도 했으니 그 사람들도 회사도 좋았지.

김 코치: 그렇지요. 그분들에게 지금 이 자리에 올라오기까지의 과정을 환기시키고 다시 해볼 수 있는 기회를 주면 좋겠습니다. 상무님께서 그분들이 예전에 느꼈던 자랑스러움과 자존감을 높일 수 있게 해주신다면 그 무엇보다도 강력한 동기부여가 되지 않을까요?

최 상무: 오호~ 좋은 생각이네. 역시 김 코치는 사람에 대해 참 따뜻한 시선을 가진 사람이야.

김 코치와 이야기를 나누면서 최 상무는 자신을 돌아보았다. 임원으로 승진한 첫해여서 특별 관리인력 세 명을 어떻게 대해야 할지 고민만 했다. 그 사람들이 진짜 원하는 것이 무엇인지를 헤아려야 하는데, 사람을 놓치고 문제해결 관점에서 접근했다는 것을 알아차렸다. 최 상무는 그들이 생각하는 직장의 의미는 무엇인지 궁금하고, 그들의 삶으로 들어가 빨리 진솔하게 이야기를 나눠보고 싶다며 김 과장과 인사를 나누고 총총히 걸어갔다.

기업의 존재 이유는 이윤 창출이고 그러기 위해서는 조직원 각자가 결과를 내야 한다. 보이지 않는 무한 경쟁 조직에서 목표와 성과라는 두 축으로 조직의 시간은 빠르게 지나간다. 하나 그 누구도 직장생활이 한결같기는 쉽지 않다. 사람은 누구나 바이킹처럼 위로 올라갈 때가 있고 반면 아무리 애를 써도 제자리이거나 끝이 없는 나락으로 떨어지는 듯 뒤처져 힘든 슬럼프의 시간을 보낼 때도 있다. 이는 본인의 노력과 태도의 영향도 있기는 하지만 그보다는 주변 환경의 상황과 관계의 조화 그리고 조직문화와 복잡하게 연결되어 있다. 우리가 슬럼프를 미리 예방할 수 있다면 더없이 좋겠지만 미리 준비하기는 쉽지 않다. 그렇다면 우리가 슬럼프에 빠져 있을 때 할 수 있는 최선은 무엇일까.

그럴 때 상사나 동료, 마음관리센터 그리고 인사담당자에게 손을 내밀고 슬럼프를 빠져나갈 수 있는 방법을 적극적으로 찾는 거다. 위의 내용에서 강 차장은 그래도 참 좋은 상황이다. 강 차장의 잠재 능력과 화려했던 과거를 알고 있는 최 상무와 강 차장을 긍정적으로 기억하는 김 코치가 있으니 말이다.

자기 안의 답을 찾아가는 셀프 코칭 질문

• 근육 하나, 다년차 직원이 첫 출근 할 때의 마음은 어땠을까?

_____

_____

_____

• 근육 둘, 다년차 직원의 경험과 강점이 부서의 발전과 성장에 어떻게 연결될 수 있을까?

_____

_____

_____

• 근육 셋, 나는 다년차 직원이 마음껏 업무를 하기 위해 어떤 지원을 해줄 수 있는가?

_____

_____

_____

리더가 구성원에게 해줄 수 있는 코칭 질문

- 꿀팁 하나, 당신의 회복탄력성은 어느 정도라고 생각되는가?

  _____

  _____

- 꿀팁 둘, 당신은 자신의 강점을 업무에서 어떻게 발전시켜보고
  싶은가?

  _____

  _____

- 꿀팁 셋, 당신이 새로운 업무 환경에 놓인다면 스트레스 요인들을
  최소화하기 위해 어떤 노력을 해볼 수 있는가?

  _____

  _____

  _____

5
선배의 훈수를 내 자산으로 삼아라

최 차장은 오늘 하루도 열정을 불태우고 시간을 갈아넣었다. 예측 불가의 엔데믹 시대라 그런지 급변하는 비즈니스 상황에 대응하고자 밥벌이 17년차 직장인인 그에게 모든 게 정신없이 돌아간다. 아침에 사무실에 도착해서 아이스 커피로 정신을 깨우고 이메일을 통해 어제 퇴근 후 밤사이 거래처에서 일어난 일을 확인하다 보면 시간은 어느새 오후 1시를 가리킨다. 최 차장은 점심도 입맛이 없어 밥을 먹는 둥 마는 둥 하고 다시 커피의 힘을 빌려 회의로 꽉 찬 오후 시간표 속으로 걸어간다. 경영진의 의사결정은 여러 차례 뒤바뀌고 업무를 후속으로 진행하다 보면 일을 끌고 가는 게 아니라 끌려다니는 듯 느껴진다. 그의 하루는 이처럼 참으로 변화무쌍하다.

하루가 멀게 시장과 고객의 상황은 다양하게 변화하고 그 상황에 발 빠르게 대처해야 한다. 그런 와중에 최 차장의 눈에 정년을 몇 년 앞둔 조 선배가 눈에 들어온다. 조 선배는 올해 만 58세로 임금피크제 대상이 되면서 중요하거나 긴급한 일은 후배에게 거의 넘겼고 일정이 여유로운 일을 하면서 하루를 보낸다. 이 제도는 정년퇴직이 만 55세에서 60세로 늘어나면서 퇴직 전 장기 근속자의 임금을 줄여서라도 고용을 유지하기 위한 정책으로, 시행 초기에 55세부터 시작했다가 58세로 3년 연장됐다. 기존에는 55세쯤 되면 퇴직했으나 요즘에는 많은 사람들이 회사를 떠나는 것보다 임금피크제를 더 선호한다. 몇십 년을 몸담았던 조직을 떠나기에도 또 낯선 바깥세상에 적응하기에도 쉽지 않을거다.

오후 4시 무렵, 사무실이 부산하다. 최 차장이 해결해야 할 문제에 대해 조 선배가 훈수를 두었고, 최 차장은 감정을 누른 채 김 코치를 찾았다.

김 코치: 최 차장님, 얼굴이 어두워 보이네요?

최 차장: 네, 지금 조 선배랑 한바탕하고 왔는데요. 선배 면전에서는 뭐라고 말을 못 해서 올라오는 감정을 누르면서 왔더니 얼굴에 티가 나나 봅니다.

김 코치: 그랬군요. 무슨 일 있으셨어요?

최 차장: 잘 아시잖아요. 조 선배가 최근 임금피크제 대상이 되면서 현업에서 빠진 거요. 가끔 제 자리에 와서 "나 때는 말이야"로 시작해서 이렇게 했다느니 지금처럼 일 처리 하면 안 된다느니 하면서 훈수를 두는데 정말 미치는 줄 알았습니다.

김 코치: '미치다'라는 표현까지 하시는 걸 보니 어지간히 언짢으셨나 봅니다.

최 차장: 네, 선배라 차마 말은 못 했는데요. 이번 프로젝트는 경

영진이 주의 깊게 지켜보는 프로젝트인데 일정이 지연되어 관련 부서와 협업을 통해 여러 가지 일을 동시에 진행해야 하거든요. 그런데 조 선배가 한 가지를 물고 늘어지면서 맞느니 틀리느니 깊이 있게 분석해야 한다면서 자꾸 브레이크를 걸어서요. 저희가 지연되면 다른 곳도 같이 진행을 못 하는 거라 이번에는 화까지 나더라고요.

김 코치: 그런 상황이라면 참는 게 쉽지 않았을 텐데 감정을 잘 추스르고 오셨네요.

최 차장: 선배의 의견이 틀린 말은 아닌데 그래도 상황이라는 게 있는데 그것을 무시하고 원칙론으로 가니까 진짜 화가 치밀어 분노할 뻔했습니다.

김 코치: 네, 그 감정이 저에게도 전해지네요. 잠깐 생각해볼게요. 조 선배의 훈수가 차장님에게는 어떻게 느껴지나요?

최 차장: 훈수요? 사실 선배가 업무 지식도 넓고 다양한 경험도 많아서 문제를 해결할 수 있는 핵심을 짚어주거나 새로운 아이디어로 연결되어 고마울 때가 많지요.

김 코치: 네, 긍정적인 부분이네요.

최 차장: 그런데 오늘처럼 가뜩이나 시간에 쫓기는데 원칙을 이야기하니 제 발목을 잡는다는 생각이 들어서 짜증 났어요.

김 코치: 그런 생각이 드셨군요. 조 선배의 훈수가 좋을 때도 있으나 안 좋을 때도 있다는 말씀이네요.

최 차장: 네, 그렇지요. 아마 상황에 따라 달라지는 듯해요.

김 코치: 그럼 조 선배는 어떤 마음으로 강 차장님에게 훈수를 둘까요.

최 차장: 그거야 도움을 주고 싶은 마음이겠지요.

김 코치: 최 차장님이 10년 후에 후배 리더에게 선물을 준다면 어떤 것이 있을까요?

최 차장: 아, 그런 질문을 받고 나니 또 그렇네요. 저는 선물로 생각하겠지만, 후배는 꼰대의 훈수라고 생각할 수도 있겠네요. 그러니까 다시 말해서 지금 역지사지로 다시 생각해보란 말씀이신 거지요.

김 코치: 시간이 참 빨라서 역할도 바뀌더라고요.

김 코치와 이야기를 나눈 최 차장이 사무실로 돌아오는 길에 조 선배를 만났다. 조금 전에 있었던 언쟁으로 서로 감정이 조금 틀어진 상태여서 약간은 서먹한 듯하다. 최 차장은 김 코치와 이야기 나누면서 어느 정도 조 선배의 마음을 이해한 터라 짜증보다는 고마움이 느껴졌다. 그가 먼저 조 선배에게 사과하고 늘 고마움을 느낀다고 감사의 표현을 전했다. 최 차장은 "10년 후 후배에게 선물을 준다면"이라고 했던 김 코치의 질문이 계속 머릿속에서 맴돌았다. 사실 그는 지금의 조 선배 자리가 앞으로 자신의 자리가 될 수 있다는 생각에 마음 한편으로는 서글프기도 하고 또 한편으로는 후배들에게 자기가 뭔가를 줄 수 있다는 생각에 마음이 뿌듯해짐을 느꼈다.

최 차장은 오늘 조 선배와의 갈등 상황에서 뒷방 노인네처럼 느껴졌던 선배를 긍정적으로 다시 바라볼 수 있게 되어 좋았다. 어찌 보면 자신의 미래를 보는 듯하여 선배로 존경하면서 많이 질문하고 그들의 경험자산을 물려받아 더 탄탄하게 확장해서 후배들에게 나눌 수 있는 중간 다리 역할을 해야겠다고 다짐했다.

자기 안의 답을 찾아가는 셀프 코칭 질문

• 근육 하나, 내가 그 선배의 자리에 있다면 어떤 느낌일까?

_____

_____

_____

• 근육 둘, 선배가 일궜던 성공과 장기간의 경력과 다양한 경험을 지금 조직에 어떻게 적용해볼 수 있을까?

_____

_____

_____

• 근육 셋, 선배가 후배에게 노하우 전수로 자부심을 느낄 수 있는 활동이 있다면 어떤 것일까?

_____

_____

_____

- 꿀팁 하나, 당신이 선배와 가깝게 지내면서 편안한 소통을 할 수 있는 방법은 어떤 것일까?

_____

_____

- 꿀팁 둘, 선배의 조직 내외부에서의 중요한 네트워크, 인간관계 등을 당신이 물려받을 수 있는 방법은 무엇인가?

_____

_____

- 꿀팁 셋, 당신은 도전적인 상황에서 효과적으로 대처하고 성공을 이끌어내는 선배의 다양한 사례가 업무에 긍정적으로 반영된다면 어떠할 것이라고 생각하는가?

_____

_____

6
일에 도움이 되는 구체적인 피드백을 하라

    비가 추적추적 내리는 어느 날, 사무실 조명도 침침하니 더 스산함
이 느껴진다. 막 회의를 마치고 돌아온 최 부장과 이 대리가 심각한 얼
굴로 이야기를 나누고 있다. 주변 직원들은 둘이 무슨 대화를 하는지 눈
치를 살피며 조용히 자기 모니터만 보면서 일하고 있다.

> 최 부장: 이 대리, 대체 왜 그러는 건가? 뭐가 문제야?
>
> 이 대리: 문제는 아니고요. 부장님과 미팅하고 나면 제 감정이
> 복잡해집니다.
>
> 최 부장: 뭐라고? 왜, 도대체 왜? 나는 자네 상사로 자네를 가르
> 칠 의무가 있다고 생각했는데 내가 뭐 잘못했나? 또 자
> 네 태도는 왜 그런가? '가르쳐주셔서 감사합니다'라는
> 말은 못 들을망정 통명스럽게. 나를 대하는 태도가 왜
> 그래?
>
> 이 대리: 죄송합니다. 그런데 저는 나름대로 최선을 다해서 분석
> 보고서를 드렸습니다만 매번 빨간색 볼펜으로 제 보고

서에 밑줄 긋고 간격 안 맞는다, 폰트 사이즈가 안 맞는다, 양식이 보기 불편하고 정신없다고 하셔서요.

최 부장: 보고는 가시성과 내용이 생명이라 한눈에 보고서가 들어와야 하는데 이 대리가 작성한 보고서는 정리가 덜 된 느낌이야. 그래서 그런 거지.

이 대리: 죄송합니다만 사실 부장님께서 제가 분석한 내용을 끝까지 읽어보신 적은 있는지 모르겠습니다. 저는 형식보다 내용이 중요하다고 생각하는데, 부장님께서는 제가 보고서를 들고 갈 때마다 양식 간격이 안 맞는다든지, 단어 사용이 적절하지 않다고 하시며 한 장을 못 넘어가니 사실 제가 맞게 일하고 있는지 또 제 일이 어떤 의미가 있는지 잘 모르겠습니다.

최 부장: 그랬나? 그런데 나는 보고서 전체가 잘 정리되어야 내용이 눈에 들어오니 어쩔 수 없네. 그리고 자네도 잘 알잖는가. 내가 보고서로 부장까지 달 수 있었다는 거. 그래서 나는 자네를 생각해서 빨리 승진할 수 있었던 노하우를 알려주려는 건데 내가 지적질만 하는 것처럼 생각하고 있었다니 당황스럽군.

이 대리: 부장님, 정말 그렇게 생각하고 가르쳐주려고 그러신 건지 사실 저는 의구심이 먼저 듭니다. 만약에 부장님께서 그렇게 생각하셨다면 정말 감사합니다. 저도 부장님의 보고서 작성이 탁월하다는 것은 잘 알고 있습니다. 그렇다면 부장님께서 제가 분석한 내용을 좀 읽어봐주시고 마지막으로 전체적으로 피드백을 주시면 어떨지요? 저도 정말 부장님 기준에 맞추려 최선을 다하는데 늘 보고서 형식에 걸려 내용 피드백을 못 받다 보니 저

는 이 시간이 너무 괴롭고 힘듭니다. 가장 기본인 보고서 작성 실력이 부족하다는 생각에 자꾸 주눅이 들어 보고서 작성이 더 힘든 것 같습니다.

최 부장: 그래, 자네 말을 들으니 그럴 수도 있겠네만 나도 답답하네. 그렇게 생각했다면 내가 자네가 중요하게 여기는 분석내용은 아예 읽지도 않았을 거라고 짐작하고 있었겠네.

이 대리: 네, 사실 심하게는 부장님이 저를 무시한다는 생각까지 들었습니다. 그런데 지금 이 말씀을 드리면서 드는 생각이, 제가 듣는 태도가 부장님께는 건방지게 보였을 수도 있겠다는 생각이 드네요.

최 부장: (최 부장은 며칠 전 김 코치와 갈등에 대해 대화했던 내용이 떠올라서 이 대리의 이야기를 먼저 듣고 이해한 뒤에 자신의 이야기도 전해야겠다는 생각이 들었다) 그래, 이 대리 이야기를 들어보니 내게 익숙한 쪽으로만 업무를 하려 했지, 이 대리가 중요하게 생각하는 분석내용에 대해서는 피드백하지 않았었네! 그래, 사실 문서양식도 중요하지만 보고서 전체 분석내용도 깊이가 있어야 보고서의 기능이 수행되는 거지. 자, 이제 그렇다면 우린 앞으로 어떻게 하는 게 좋을까. 문서 전체를 함께 검토하면서 보고서 양식과 논점을 함께 피드백 해주는 방향으로 하면 자네가 아쉬워하는 부분이 해소되겠나?

이 대리: 아 부장님, 정말 보고서 피드백을 그렇게 해주신다면 저로서는 무척 감사하겠습니다. 제가 원하던 바입니다. 보고서를 제출하고 피드백을 전체적으로 받는다면 저도 부장님처럼 보고서를 잘 쓰게 되지 않을까요. 정말

감사드립니다. 오늘 몇 시로 회의실 잡을까요? 언제 시간이 가능하세요?

최 부장과 이 대리의 이야기는 조직에서 우리가 늘 마주하게 되는 사례이다. 부장은 본인이 인정받고 성공했던 방식대로 계속 일을 진행하려고 하는 경향이 있고, 이 대리는 또 나름대로 자신이 중요하다고 생각하는 방식으로 일을 처리하려고 하니 서로 갈등이 생기는 것이다. 이는 달라서 불편한 것이지 틀린 것은 아니다. 어찌 보면 조금은 돌아갈 수 있으나 더 넓고 깊게 볼 수 있는 기회가 될 수 있다. 조직에는 건강한 갈등은 필요하다. 이 갈등을 어떻게 해결하느냐에 따라 조직의 성장과 후퇴로 이어질 수 있다. 이 경우 우리는 마음을 열고 대화를 통해서 확인할 수 있으나, 최 부장과 이 대리의 경우처럼 훈훈하게 서로의 마음을 알아차리기에는 쉽지 않다.

사실 조직에서는 상사나 동료에게 어떻게 비칠까 하는 위험을 감수하면서 자기 생각을 있는 그대로 상대에게 전달하는 것이 쉽지 않다. 그러므로 우리는 감정을 표현하지 않는 상식선에서 문제해결 관점으로 대응하려고 하는 경향이 있다. 각자의 관점에서 가치와 우선순위를 둔 대화를 하다 보면 진짜 핵심적인 내용보다는 각자의 의도나 욕구까지 헤아리지 못하고 도돌이표처럼 보이는 외적 문제만 다루게 된다. 앞의 사례도 이 대리가 용기 있게 자신의 감정을 표현하지 않았다면 최 부장은 이 대리를 보고서 하나도 제대로 못 쓰는 부하직원으로 여길 수도 있었을 거다. 이처럼, 불편하고 갈등이 시작된다고 느끼면 우리는 어떤 부분에서 오는 불편함인지 관찰이 필요하다.

자기 안의 답을 찾아가는 셀프 코칭 질문

• 근육 하나, 내 가이드를 유독 불편하게 느끼는 구성원이 있는가?

_____

_____

_____

• 근육 둘, 내가 적용하고 있는 것 중 어떤 방법들이 효과적이고
  도전적인가?

_____

_____

_____

• 근육 셋, 이전의 성공 경험도 중요하지만, 현재 상황에 맞게 새로운
  것을 배우고 발전시키는 데 어떤 노력을 기울이고 있는가?

_____

_____

리더가 구성원에게 해줄 수 있는 코칭 질문

- 꿀팁 하나, 당신은 다른 구성원의 의견을 어떻게 수용하고 있는가?

_____

_____

_____

- 꿀팁 둘, 당신은 자신의 관점을 확장하고 발전시키기 위해 오픈
마인드셋을 장착하고 있는가?

_____

_____

_____

- 꿀팁 셋, 당신은 다양성을 활용하여 어떻게 더 창의적이고
효과적으로 일할 수 있는가?

_____

_____

_____

7

메신저 소통법을 익혀라

나잘난 부장은 집에서 외동으로 자라 사랑을 독차지했고, 학창 시절에는 성적도 늘 상위권이어서 선생님께 인정과 칭찬을 받았다. 그 뒤로 대학을 졸업하고 취업에 성공해 주변에 부러움을 샀다. 그런 그는 최근 고액 연봉으로 이직에 성공해 현 부서에서도 탁월함을 드러내는 회사 생활을 하고 있다. 개인이 성과를 내는 것도 탁월하고 상사와의 소통도 원활했다. 그러나 팀원들과의 소통은 쉽지 않았다. 그런 나 부장은 그 점에 대해 내내 고민하다 결국 김 코치를 찾아왔다.

나 부장: 김 코치님. 요즘 신세대들은 대부분 메신저로 일하잖아요. 이게 정말 답답한 게 제가 궁금한 걸 물어서 빨리 정리하고 의사결정을 내려야 하는데 그냥 매번 파일에 정리되어 있다고 하는 거예요. 그러니 파일을 찾아서 하나부터 열까지 다 읽어봐야 알 수 있게 되는 거죠. 그렇다고 제가 듣고 싶은 필요한 내용이 정리된 것도 아니고 작성자의 주관으로 쓰니 답답할 때가 한두 번이 아

니에요. 그냥 당사자가 와서 설명하면 좋을 텐데 제가 시대에 뒤떨어진 이상한 사람인 건가요? 팀원들과의 소통이 제게는 제일 어렵습니다.

김 코치: 맞아요. 보고 시스템이 바뀌면서 또 다른 일장일단이 있는데 그걸 심각하게 느끼고 계시는구나. 그렇죠, 답답한 부분이 분명히 있지요.

나 부장: 아, 김 코치님은 그런 제 마음을 이해해주실 줄 알았어요. 그러니까 어떤 일이 있었느냐면 제가 불필요한 오해를 줄이고자 전화로 문의하니까 확인 후 메신저나 메일로 답장을 주겠다고 하고 전화를 끊는 일이 비일비재해요. 나 원 참, 얼마나 당황스럽던지. 요즘 신세대는 이렇게 일하나 싶기도 하고요. 일이라는 게 한번 처리하면 가속도가 붙어서 결과까지 바로 나와야 하는데 중간에 확인 후 메일을 기다리다 보면 굳이 필요 없는 시간을 소모하고 있는 건 아닌지 하는 생각이 듭니다. 정말 '나 때는 어떻게 일했는지'라는 말이 목구멍까지 올라왔다가도 꼰대 소리 들을까 봐 차마 못 하겠더라고요.

사무실에는 타이핑 소리만

김 코치: 맞아요. 얼굴을 맞대고 바로바로 대응해야 하는데 어떤 방식이 더 효과적인지 의문이 들지요. 그래서 그런지 예전에는 전화로 소통해서 사무실이 시끌시끌했는데

요. 요즘에는 모두 메신저로 일해서 사무실에 타이핑하는 소리만 들리는 듯해요.

나 부장: 네, 요즘 신입사원들이 어릴 적부터 자기만의 공간에서 소셜미디어(SNS)로 짧은 메시지를 주고받거나 '숏츠' 같은 동영상에 익숙한 세대라서 그렇다네요. 예전 회사에도 메신저 소통이 있었습니다만, 지금처럼 심하지는 않았거든요. 정말 요즘은 메신저와 메일로만 하는 소통이라고 봐야 할 듯합니다. 부서원들이 무슨 생각을 하면서 일하는지 도통 알 수가 없어요. 어떤 때에는 업무 처리보다 소통하는 게 더 어렵게 느껴집니다.

김 코치: 코로나를 겪으면서 언택트를 선호하는 경향이 심화된 듯합니다. 아마도 앞으로도 이런 소통은 지속될 듯한데요. 그래서 부장님께서는 이런 시스템을 어떻게 하고 싶으세요?

나 부장: 그러게요. 당장 불편은 한데 막상 어떻게 해야 할지 막막합니다. 이제는 식당 가림막이 제거되고 대면 미팅이나 소모임 활동도 늘어나고 있지만 예전처럼 대면으로 대하는 방식으로 돌아오는 게 쉽지는 않을 듯합니다. 그러니 그게 어렵다면 결국 제 소통 방식에도 변화를 주어야겠다는 생각이 들 뿐 구체적으로 어떻게 해야 할지 잘 모르겠어요.

김 코치: 현대사회가 팬데믹 때문만이 아니어도 급속도로 변화를 맞고 있는 건 우리가 받아들여야겠지요. 부장님도 이제 어떻게 변화하며 수용해야 할까를 생각하고 계시니 유연하게 대처하실 수 있을 거 같아요. 그럼 대면과 비대면을 업무 소통의 양축으로 비중을 두시는 건 어떠

김 코치가 알려주는 관계 소통

시겠어요? 비대면이 너무 답답하게 느껴지실 때는 대면을 요청하시는 거죠. 팀원들에게도 제게 했던 말씀을 좀 나누시면서요. 그럼 아마도 대부분 소통이 되며 이해할 수도 있을 듯해요. 한번 시도해보시지요.

김 코치는 나잘난 부장이 찾아와 자신의 고민을 이야기해줘서 고마웠다. 그는 부족함이 없는 줄 알았는데 그의 인간미가 보여서 좋았다. 더불어 자신이 나 부장을 도와줄 수 있다는 것에 뿌듯했다. 그러면서 김 코치는 나 부장에게 내용을 소개했다.

김 코치: 코로나 팬데믹 기간 입사한 신세대(1980~2000년대 초반 출생) 신입사원 사이에서 콜 포비아를 많이 느낀다고 하는데요. 콜 포비아(전화 공포증)는 전화로 음성 통화를 하는 것에 두려움을 느끼는 증세라고 합니다. 이는 한국뿐만 아니라 해외에서도 비슷한 사례가 늘고 있으며, 콜 포비아를 극복하기 위해 스피치 과외가 성행하고 있고, 보통 상사와 동료에게 말하는 예절부터 어색할 때 활용할 수 있는 '스몰 토크' 등 일대일 코치 서비스를 제공하기도 한다니 사람들이 얼마나 대화를 주고받는 것에 부담을 느끼는지 알 수 있는 것 같아요. 오늘 저와 이야기를 나누시며 어떠셨어요? 조금이라도 도움이 되셨으면 하는데.

나 부장: 아, 그런 일도 있군요. 오늘 김 코치님 만나서 제 답답했던 마음도 말할 수 있었고, 또 제 마음을 이해해주셔서 감사합니다. 콜 포비아는 처음 들어봤는데요. 그럴 수

있겠다는 생각이 드니 신입사원들에 대해 조금 더 관심을 갖고 소통할 수 있는 편안한 방법을 찾아야겠다는 생각입니다.

이제는 엔데믹 시대로 접어들면서 재택근무가 줄고 회사 대면 회의나 소모임 등이 늘어나고 있다. 팬데믹 이전의 일상을 회복하며 자연스러운 교류를 통해 사람과 사람이 부대끼며 상대와 다름을 이해하는 상호존중의 방식을 배워가고 있다. 다만 선배들은 친밀감 형성을 과하게 요구하지 않고 또 신입사원도 선배들과의 대화를 너무 어려워하지 말고 친구와 가족들과 이야기하듯 자연스럽게 적응할 수 있기를 기대해본다.

요즘 시대를 V.U.C.A 시대라고 한다. V.U.C.A는 변동성(Volatile)과 확실성(Uncertainty), 복잡성(Complexity), 모호성(Ambiguity)의 머리글자를 조합한 신조어로, 불확실한 미래를 뜻한다. 신세대가 겪는 콜 포비아도 이와 관련이 있을 듯하다. V.U.C.A 시대는 젊은 세대에게도 기존 세대에게도 처음 겪는 현상이다. 동시대를 사는 우리가 손잡고 이 시기를 슬기롭게 잘 넘기기를 바란다.

김 코치가 알려주는 관계 소통

자기 안의 답을 찾아가는 셀프 코칭 질문

· 근육 하나, 나는 메신저와 전화 중 어떤 소통 방법을 더 선호하는가?

· 근육 둘, 주변에 소통 방법 관련 갈등이 있었다면 어떤 차이에 의한
것이었는가?

· 근육 셋, 현재의 소통 방식에서 어떤 부분이 개선된다면 더 원활한
소통이 될 수 있을까?

- 꿀팁 하나, 당신은 다른 사람이 자신과 다른 소통을 선호한다면 어떻게 대응할 것인가?

- 꿀팁 둘, 원격 근무 환경에서 당신은 어떻게 더 효과적으로 소통할 수 있을까?

- 꿀팁 셋, 당신의 소통과 보고 스킬을 강화하기 위해 어떤 목표를 설정할 것인가?

5부

논어에서
배우는
리더의 소통

> 논어의 문장을 통해 연차와 무관하게 자신의 생을 이끄는 젊은 리더, 또 조직에서 부서원을 이끄는 리더 등, 리더의 유형별 사례를 바탕으로 지금 나는 어떤 리더이며 앞으로 어떤 리더가 되길 원하는지 점검해보게 한다.

1

기소불욕(其所不欲) /
내가 하기 싫은 일은 너도 하기 싫어

"자신이 바라고 원하지 않는 일이나 당해서 싫은 일을 누군가
대신 해주기를 바라지도 말고, 타인에게 강요하지도 말라."

– 「위령공」편, "기소불욕(其所不欲), 물시어인(勿施於人)"

손 팀장의 팀원 중 작년에 경력으로 입사한 이 과장이 있다. 그가
기존에 근무했던 회사와 지금의 회사는 핵심 가치와 직급 체계 그리고
조직문화가 달라서 이 과장이 잘 적응할지 손 팀장은 나름 신경이 쓰였
다. 하지만 걱정도 잠시 그는 업무 이해 능력도 빠르고 팀원 간의 관계
도 좋아서 잘 적응하는 듯 보였다. 그런데 요즘, 그의 행동이 조금 어수
선해 보였고 이달만 해도 세 차례나 늦게 출근했다. 혹시나 해서 팀장은
그의 부서장인 최 부장에게 이 과장이 어찌 지내는지 물었다. 최 부장은
이 과장이 잘 지내고 있다곤 했지만, 중장기 보고와 분기별 경영 회의로
바쁜 시기라 최 부장이 부서원들에게 신경 쓸 겨를이 없어 보였다. 이

과장의 입사지원서 검토 및 면접을 직접 했던 팀장은 이 과장을 직접 면담했다.

이 과장: 네, 팀장님. 사실 제가 경력으로 입사하지 않았습니까. 그리고 과장 직급을 달고 부서원들과 일하다 보니 나는 '어떤 리더가 되고 싶은가?'라는 생각이 계속 드는 거예요. 주어진 역할에 충실하면서 관계에 충실히 하는 게 제 목표였는데 어느 순간 '이게 정말 다인가?'라는 생각이 든 거죠. 5년, 10년 후에 팀의 리더가 될 수도 있는데 미래의 제 모습이 상상이 안 되고 막연해서 '지금 이렇게 살아가는 게 최선인가?' 하고 고민이 되어서 문득 자문하게 됐습니다.

손 팀장: 음, 그랬구먼. 그래서 좀 생각이 많아 보였군. 리더가 되기 위한 첫 단추를 채우고 있었구먼. 그렇다면 롤 모델을 찾아보는 게 어떻겠나?

이 과장: 아, 롤 모델이요? 그런 분이라면 한 분 계십니다. 이성적으로 냉철해 A부터 Z까지 디테일에 강하고 또 일이 끝나면 노력한 바에 대한 인정과 수고의 말을 아끼지 않고 저희에게 공을 넘기는 분. 그런 모습이 좋아 존경하게 됐고 지금도 가끔 연락드려서 안부 전합니다.

손 팀장: 아, 좋은 롤 모델을 만났네. 그 덕에 자네가 일 처리도 잘하고 팀원들과 관계성도 좋은가 보네. 그럼 이 과장이 생각하기에 그분의 리더십을 10점이라고 했을 때 자네의 리더십은 얼마나 된다고 생각하는가?

이 과장: 막상 그렇게 물으시니 어렵네요. 한 6점 정도 될까요?

김 코치가 알려주는 관계 소통

하하.

손 팀장: 그럼 10점과 6점의 차이는 무엇이라고 생각하는가?

이 과장: 일할 때 성과에 집중하는데 그러다 보면 주변 사람들이 안 보이더라고요. 그래서 일은 잘 끝나도 부서원들과 거리감이 생기면서 서먹해진 때도 있더라고요. 마음은 그렇지 않은데 곰곰이 생각해보니 상황은 보지 않고 좋은 결과를 만들어야겠다는 생각만 앞서 부서원들을 강하게 이끌지 않았나 싶습니다.

손 팀장: 그렇군, 그런데 최고의 실적을 냈어도 부서원과 소원해지면 조직의 경쟁력이 강화되기 쉽지 않다네. 인사부서의 평가도 예전과 달라서 실적만 고려하지 않고 높은 직급일수록 주변 부서원들 혹은 타 부서와의 관계나 평판을 많이 참고하더군. 그런 의미에서 이 과장은 이미 롤 모델이 있어 기준이 명확하게 서 있으니 행운이네.

이 과장: 아, 팀장님의 질문으로 제가 고민하던 문제가 뭐였는지 확실히 알 수 있었네요. 바쁘신데 신경 써주셔서 고맙습니다. 말씀대로 성과뿐만 아니라 부서원과 신뢰를 중요시하고 인정도 해주며 함께 가려고 노력해보겠습니다.

손 팀장은 이 과장과 면담을 마치고 자리로 돌아오면서 생각했다. 사실 리더십이란 어렵게 느껴지기도 하지만 일반적으로 생각했을 때 나를 고용한 회사가 내게 무엇을 바라는지 또 그것을 이루기 위해 함께 하는 부서원들이 무엇을 원하는지를 지속해서 고민하고, 어떻게 하면 선한 영향력을 미칠 수 있을지를 생각해보면 될 일이다. 쉽지 않겠지만 그런 과정을 통해서만 비로소 리더와 부서원의 신뢰가 두터워져 성장하는 파트너로 마주 볼 수 있다.

공자는 "기소불욕(其所不欲), 물시어인(勿施於人)"이라 했다. 이는 자기가 바라고 원하지 않는 일은 누가 대신해주기를 바라지도 말고 또 타인에게 강요하지도 말라는 것이다. 실제로 리더가 보여주는 행동, 태도와 성품이 부서원들에게 영향력을 끼치는 건 너무나 분명하다. 부서원들이 어떤 리더와 함께했을 때 자신의 역량을 충분히 발휘할 수 있느냐는 그들이 했던 경험으로 무엇을 느꼈는지에 따라 달라질 수 있다. 리더의 또 다른 역할은 주어진 자원을 효율적으로 활용하여 최고의 결과물을 내는 것이다. 그러기 위해서는 어렵고 힘든 일을 나누는 부서원의 노고를 충분히 인정해야 한다. 리더가 부서원에게 전적으로 권한을 위임하여 맡기되, 부서원이 나아갈 수 있도록 주변 상황을 만들어주고 환경을 조성해주는 것과 같은 말이다.

- 근육 하나, 내가 생각하는 멘토로서 가장 기본이 되는 역할 세 가지는
  무엇인가?

- 근육 둘, 그중 나는 어떤 항목에 시간을 할애하고 집중하는가?

- 근육 셋, 내 행동에 부끄러운 행동이 있었는가? 있다면 어떻게
  변화하고 싶은가?

리더가 구성원에게 해줄 수 있는 코칭 질문

- 꿀팁 하나, 당신은 어떤 리더로 성장하기를 원하는가?

- 꿀팁 둘, 당신에게 닮고 싶은 롤 모델이 있는가?

- 꿀팁 셋, 당신은 특히 그 롤 모델의 어떤 부분이 매력적인가? 자신이 바로 실천해볼 수 있는 것은 무엇인가?

2

군자화이부동(君子和而不同) /
군자(君子)와 소인(小人)의 차이

"군자는 서로 어울리되 패거리를 짓지 않고 소인은 패거리를
짓되 서로 화합하지 않는다."

– 「자로」편, "군자화이부동(君子和而不同), 소인동이불화(小人同而不和)"

공자가 살던 시대나 현대를 사는 지금이나 리더십은 여전히 중요
하다. 우리는 직장에서 하루에도 몇 번씩 리더의 다양한 소통방식을 지
켜보거나 직접 경험하게 된다. 리더 개인의 가치관이나 조직의 목적에
따라, 리더의 성품, 상황에 따라 그 모습은 각양각색이다. 그러므로 리
더의 소통 방법은 팀원 개인뿐만 아니라 팀 전체 분위기는 물론 성과까
지 영향을 끼친다.

김 코치가 막 점심을 먹고 망중한을 즐기고 있을 때 갑자기 사무실
이 소란스러워졌다.

박 팀장: 도대체 누가 일을 이딴 식으로 처리한 거야?

이 과장: 네? 그거 팀장님 말씀대로 진행했습니다.

박 팀장: 뭐? 그래도 이렇게 처리하면 어떻게 하나? 상황에 따라 일 처리 방법을 달리해야지. 담당자가 자기 일에 대해 소신도 없이 위에서 시킨다고 그대로 진행하면 되나?

그 장면을 바라보는 김 코치는 불안감이 밀려왔고 그 예감은 빗나가지 않았다.

이 과장: 팀장님께서 전후 상황을 살피거나 담당자 의견도 듣지 않고, 막무가내로 그대로 처리하라고 지시하셨습니다. 이제 와서 담당자 운운하시는 건 아니지 않습니까?

사정 모르는 타 부서 사람이 보면 이 과장의 말이 하극상처럼 들릴 수 있을지 몰라도 사정을 아는 이의 눈에는 이 과장의 말이 구구절절 맞았다. 그동안 보아온 박 팀장은 어떤 일의 결과가 좋으면 자신의 몫으로, 결과가 좋지 않으면 팀원의 실수로 돌리며 자신의 안위가 최우선인 사람이었기 때문이다.

박 팀장: 허, 참! 이 과장, 말이 너무 많군.

박 팀장은 혀를 차며 말머리를 돌렸는데 사실 박 팀장의 말 바꾸기는 한두 번이 아니었다. 그 때문에 박 팀장의 목소리가 크게 들리면 팀원들은 '또 시작이네'라는 반응이었다. 이 과장은 다소 억울했지만, 팀을 옮기지 않는 이상 팀원으로 박 팀장의 지시를 받아야 했기에 더 이상 대꾸하지 않았다. 다만 자신이 생각했던 방식대로 빨리 일을 마무리 지을 뿐이었다.

그 광경을 보다 돌아선 김 코치는 박 팀장의 그런 리더십이 무척 아쉬웠다. 팀원 개인의 능력은 한정돼 있지만 그들의 장점이 모여 시너지를 낼 때 팀의 원동력이 되고, 그 힘은 배가되어 강한 팀이 된다. 그런데 왜 박 팀장은 번번이 팀원들의 마음을 얻지 못하는 걸까?

상생은 혼자가 아닌 서로 북돋우며 협업해서 성과를 내는 것을 일컫는다. 그로 인해 팀과 함께 팀원도 성장한다. 공자는 「자로」(子路) 편에 "군자화이부동(君子和而不同), 소인동이불화(小人同而不和)"라고 했다. "군자는 사람들과 조화를 이루며 살아가지만, 동류로서 휩쓸리지는 않는다. 그러나 소인은 사람들과 동류로서 휩쓸리기만 할 뿐 오히려 조화를 이루지는 못한다"라는 뜻이다.

박 팀장처럼 자신의 지위를 활용해 팀원에게 함부로 하고 자신의 성과에만 초점을 맞추는 리더는 소인배라고 할 수 있다. 또 자신의 비위를 맞춰 승진의 기회를 노리는 사람들에 싸여 권력의 갑옷을 걸치는 리더 또한 소인이다.

김 코치는 오늘 같은 날, 조직의 리더십에 대해 자꾸 생각하게 된다. 스스로가 조직에서 긍정적으로 선한 영향력을 미치기 위해서는 어떤 리더의 모습으로 소통해야 하는지 생각해보는 계기가 되었다. 왜 리더라면서 그런 공부를 할 생각은 하지 못하는지 몹시 아쉽다.

리더십이 필요한 리더에게 하는 질문

자기 안의 답을 찾아가는 셀프 코칭 질문

• 근육 하나, 내가 생각하는 리더십이란 무엇인가?

_____

_____

_____

• 근육 둘, 그 리더십이 내 삶의 어떤 가치와 연결되어 있는가?

_____

_____

_____

• 근육 셋, 내 리더십(행동)이 팀 성장에 어떻게 기여하고 있는가?

_____

_____

_____

리더가 구성원에게 해줄 수 있는 코칭 질문

· 꿀팁 하나, 당신이 원하는 도전 목표는 무엇인가?

· 꿀팁 둘, 팀의 목표 달성에 당신이 기여할 수 있는 것은 무엇인가?

· 꿀팁 셋, 당신이 일을 더 효과적으로 하는 데 필요한 것은 무엇인가?
  (자원, 지원, 정보 등)

3

각득기소(各得其所) /
포지션을 아는 게 힘

"사람이나 사물은 각각 걸맞은 소임과 자리가 있다."

– 「자한」편, "각득기소(各得其所)"

지난 글에 이어 이번에는 박 팀장의 옆 부서인 김 팀장의 이야기를 해야겠다. 아래의 내용 또한 얼마 전 사무실에서 오간 대화이다.

김 팀장: 최 과장, 어제 뭔가 잘 안 됐던 거 같은데 어떻게 됐나요?

최 과장: 네, 김 대리가 조금 더 확인하고 최종 자료에 반영해서 마무리 짓기로 했습니다.

김 팀장: 그래요? 김 대리는 기존에 하던 일도 많을 텐데 김 대리 한테 일이 너무 몰리는 건 아닌가요? 괜찮을까요? 너무 힘들지 않겠어요?

최 과장: 네, 그래서 일단 업무 우선순위를 조정해주었습니다.

김 팀장: 그래요, 잘했네요. 혹시 이 일을 빨리 처리하려면 내가 무엇을 해주면 좋을까요? 내가 해야 할 일이 있으면 알려주세요.

최 과장: 네, 팀장님. 김 대리가 최종 정리하려면 손익자료가 필요합니다. 하지만 지원팀에서 자료를 잘 공유해주지 않아 담당자가 연락해도 협조 자체가 안 되고 있어요. 지원팀이 관련 부서 지원을 잘해주어야 하는데 협조받아야 하는 부서가 상위부서 같습니다.

김 팀장: 아, 그런 어려움이 있었군요. 그렇다면 내가 손익자료는 알아볼게요.

최 과장: 네. 감사합니다, 팀장님.

그냥 얼핏 지나가며 들어도 정말 훈훈한 팀원과의 대화다. 어떻게 김 팀장은 늘 같은 태도로 저렇게 사람의 마음을 얻으며 일을 처리할 수 있을까. 김 코치는 곰곰이 생각하다 문득 『논어』 「자한」(子罕) 편의 한 구절을 떠올렸다.

「자한」 편에서 "각득기소"라 했다. 이는 사람이나 사물이 각각 자리에 맞는 소임과 자리가 있으며, 그 자리에서 잘 기능할 수 있도록 자기 본분과 역할에 충실해야 한다는 의미이다. 또 「안연」(顔淵) 편에서는 공자가 35살 즈음 제나라에 들렀을 때 경공이 정치에 대해 묻자 바로 "군군신신부부자자(君君臣臣父父子子)"라 했는데, "임금이 임금답고, 신하가 신하답고, 아버지가 아버지답고, 아들이 아들다워야한다" 했다.

그 시대의 군자를 현재의 리더에 비유해도 무리가 아닌 것이, 김 팀장은 마치 군자처럼 주변과 팀을 두루두루 살피고, 함께 일하는 팀원이 잘 어우러지게 가교 역할을 했다. 예컨대 회의 시간에 누가 어떤 말을 해도 비난하지 않았기에 김 팀장 앞에서는 자신의 의견을 이야기할 수 있었다. 분위기가 그러해 팀 공통 업무에도 다양한 아이디어와 개선 활동이 지속해서 진행되었다. 또 아이디어를 제안하면 제안자에게 숙제가 떨어지는 게 아니라 원한다면 업무를 공유하고 분담할 수 있었다.

김 팀장은 팀 목표를 달성하기 위해 어떻게 하면 보다 쉽고 빠르게 앞으로 나아갈 수 있을지를 생각해 주어진 자원을 잘 활용했다. 그뿐만 아니라 모든 의사결정의 결과에 대해서 성공과 실패에 상관없이 자신이 기꺼이 책임을 졌다.

김 코치는 앞 장에서 소개한 박 팀장이 소속된 사무실과 김 팀장이 소속된 사무실, 두 사무실의 상이한 사례를 보며 어쩌면 그렇게 두 사람의 리더십이 다를까 생각해본다. 늦게까지 업무를 하는 날이 있더라도 군자 같은, 천리향이 나는 김 팀장의 리더십이 우리 회사, 아니 모든 직장에서 만나보기 어려운 리더십이 아니라 자주 볼 수 있는 리더십이라면 직장에서도 즐겁게 일할 수 있을 것이다. 사람에게는 그 사람만의 고유한 향기가 있다. 내 주변에는 어떤 향들이 있으며 또 스스로에게는 어떤 향이 나는지 김 팀장을 관찰하며 새삼 살펴보게 된 계기가 됐다.

김 코치가 알려주는 관계 소통

자기 안의 답을 찾아가는 셀프 코칭 질문

• 근육 하나, 내 리더십의 강점은 무엇인가?

_____

_____

_____

• 근육 둘, 나와 구성원 간의 '케미'가 있다면 어떤 것인가?

_____

_____

_____

• 근육 셋, 그 '케미'를 지속 유지하려면 무엇이 필요한가?

_____

_____

_____

리더가 구성원에게 해줄 수 있는 코칭 질문

· 꿀팁 하나, 관계를 형성하는 데 당신 자신만의 강점은 무엇인가?

· 꿀팁 둘, 당신은 친화력을 어떻게 표현하는가?

· 꿀팁 셋, 당신은 그런 특징을 통해 어떻게 팀에 기여하고 있는가?

김 코치가 알려주는 관계 소통

4

이소부지 (爾所不知) /
네가 알지 못한 사람

> "네가 알지 못하는 사람은 사람들이 장차 천거할 것이며 어진
> 인재를 그냥 내버려두지 않는다."
>
> ―「자로」편, "이소부지(爾所不知) 인기사제(人其舍諸)"

팔방미인 강 팀장은 개발자로 입사했지만 관리능력도 인정받아 동기들보다 초고속 승진으로 팀장이 됐다. 그녀의 부서는 일이 많은데도 괄목할 만한 성과를 내서 회사에서도 주목받았다. 그런데 일이 많다 보니 강 팀장이 신속을 요하는 결정을 가끔 답보상태로 두는 경우도 있어 바로 아래 직원들이 기다릴 때가 왕왕 있었다. 또 보여지는 성과 중심으로 바쁘게 몰아치다 보니 팀원들은 팀장의 능력을 인정하는 것과 별개로 대부분 누적된 피로를 호소하게 됐다.

그러던 어느 날 잔뜩 화가 난 표정으로 강 팀장이 김 코치를 찾아

왔다.

김 코치: 몹시 불편해 보이시네요? 무슨 일 있으셨어요?

강 팀장: 네, 오늘 이 부장 때문에 참 화가 나네요. 평소 원칙을
중시하는 건 알지만 이 부장이 좀 힘들게 해서요. 저는
그래도 관계를 우선으로 두며 일하는 편인데, 이 부장
은 답답하리만큼 고지식해서요. 게다가 저를 가끔 부하
취급하니 무슨 일인지 모르겠어요.

김 코치: 아, 진짜요? 그렇다면 기분 나쁘셨겠는데, 무슨 일인
가요?

강 팀장: 며칠 전, 신규 개발 건 회의 중에 글쎄, 몇 가지 저와 이
견이 있어 조율 중인 건을 느닷없이 이 부장이 자기 생
각이 맞다며, 전체 팀장이 모인 자리였는데 최종 결정
도 안 난 내용을 검토해달라고 하는 거예요. 그러니까
관련 팀장들이 제게 그대로 진행해도 되는지 물어보는
데, 대충 대답하며 대답을 미루고 말았어요. 이 부장에
게 뭐라 할 수도 없고 다른 팀장들이 '저 부서는 직급 체
계가 엉망'이라고 할까 봐 얼굴이 화끈거리더라고요.

김 코치: 저런! 그런 일이 있었네요.

강 팀장: 네, 이 부장이 개발은 잘하는 강점이 있는 반면, 상사의
의견을 집중해서 듣지 못하는 듯하고 동료 간의 예의도
부족해요. 신입 때부터 잘 배워야 하는 기본예절을 이
제 와 하나부터 열까지 가르칠 수도 없고 참으로 난감
합니다.

김 코치: 그렇네요. 그렇다고 팀장님 입장에서 그냥 묵과하실 수

도 없을 텐데요.

강 팀장: 네, 사실 고민이 많습니다. 기존 프로젝트 관리하랴, 또 새로운 프로젝트도 추진하랴, 정신없는데 그런 것까지 챙길 여유가 사실 없지요. 또 최근 부서에서 굵직한 프로젝트를 맡게 되어 인력이 대거 유입되며 챙길 팀원도 더 많아진 형편입니다.

김 코치: 네, 그렇네요. 그만큼 강 팀장님이 유능해서 일도 많아지는 거겠지요. 그런데 이 부장님은 왜 그러셨을까요.

강 팀장: 그게요, 그 일이 있고 저도 곰곰이 돌아봤는데 이 부장 입장에서는 제 의사결정을 계속 기다렸던 듯해요. 그런데 저는 팀 전체 의사결정을 해야 하니 그 결정은 더 미뤄도 된다고 생각했던 거 같고요.

김 코치: 아하, 그래서 오해가 생겼을 수도 있겠네요. 그런데 그 결정은 이 부장은 권한이 없고 꼭 팀장님이 내려주셔야 하는 거였나요?

강 팀장: 아, 그게 이 부장이 할 수도 있는 건데 제가 더 꼼꼼히 살펴보려 보류상태가 된 거죠. 왠지 제가 다 결정해야만 확실하게 일을 마무리 지은 듯 마음이 놓여요.

김 코치: 아, 그러시구나. 그럼 이제 아까 말씀하신 것처럼 이 부장의 강점도 잘 알고 계시니 허용한도 내에서 이 부장에게도 권한을 좀 주면 좋으실 듯한데 어떠세요?

강 팀장: 네, 김 코치님 말씀을 듣고 보니 그렇네요. 그래야 이 부장도 자기 자리의 막중함을 느끼게 되고 보람도 있을 텐데. 평소의 저로서는 쉽지 않겠지만 한번 노력해봐야겠어요.

김 코치: 네, 이 부장도 강 팀장님의 그런 마음을 아신다면 더 많은 이야기를 나누며 오해가 풀릴 듯도 합니다. 조직도 이끌고 또 팀원들의 성장도 이끌어주셔야 하니 책임이 막중하시네요. 『논어』를 잘 살펴보면 리더십에 관한 글귀가 많아서 제가 사람들에게 추천을 많이 하거든요. 오늘 강 팀장님께 한 구절을 읽어드리고 싶은데 괜찮으시겠어요?

강 팀장: 아, 그런가요? 『논어』는 그저 스치듯 읽었는데. 좋습니다.

김 코치: 공자는 「자로」(子路) 편에 중궁이 계씨의 가재(家宰)가 되어 정치에 관해 문의했더니 공자가 "실무자들에게 먼저 본을 보이고, 작은 잘못은 용서해주며, 현명한 인재를 등용하거라"라고 답합니다. 또 "어떻게 현명한 인재를 알아서 등용합니까?"라고 질문하니, 공자가 "네가 아는 사람을 등용하거라"라고 답하는 구절입니다.

강 팀장: 아, 여러 가지 해석이 가능하겠지만 결국 리더인 제가 본을 잘 보이고 이해해 알게 된 인재, 즉 제 부하직원을 잘 등용해 쓰라는 말이네요. 신뢰를 보여주고 신뢰를 주면서 말입니다. 오늘 김 코치님께 이야기하고 나니 제가 몰랐던 제 모습을 볼 수 있게 된 거 같아요. 이 부장을 탓할 게 아니라 팀원을 이끄는 저를 다시 봐야 하는 거였네요. 고맙습니다.

김 코치는 회사 내에서 강 팀장의 위치를 알기에 어떻게 하면 그녀를 도울 수 있을지를 생각한다. 강 팀장의 조직과 팀원들의 성장을 위해서는 '권한위임'이 가장 필요하다. 다음에는 강 팀장과 만나서 커피 한 잔하며 리더의 조건에 관해서도 이야기 나누어봐야겠다고 생각하며 김 코치는 퇴근길에 나선다.

리더의 역할에서 주요 핵심은 크게 세 가지인데, 첫째는 비전 제시, 둘째는 성과 창출, 셋째는 후배 육성으로 나눠볼 수 있다. 그중 후배 육성에서는 개인의 성장과 조직의 역량 향상을 위해 리더의 권한위임을 들 수 있다. 이는 개인과 리더가 개인의 현재 수준과 목표 수준을 일치시킨다. 이후 목표에 도달할 수 있도록 리더는 주변 상황을 적극적으로 지원하면서 개인이 리더의 울타리 안에서 마음껏 자신의 역량을 펼칠 수 있도록 한다. 이를 통해 개인은 책임감을 느끼고 경험을 탄탄하게 쌓고, 리더는 팀원과 신뢰를 바탕으로 전체 비즈니스 상황을 조망하고 조직과 연계하여 앞으로 어떻게 펼쳐질지를 생각한다.

권한위임이 필요한 리더에게 하는 질문

자기 안의 답을 찾아가는 셀프 코칭 질문

- 근육 하나, 나는 삶의 균형을 잡고 살고 있는가?

- 근육 둘, 나는 팀원들을 얼마나 신뢰하고 있는가?

- 근육 셋, 역할 수행을 위한 선택과 집중으로 권한위임을 잘하고 있는가?

- 꿀팁 하나, 당신의 강점을 발현할 수 있는 곳은 어디인가?

_____

_____

_____

- 꿀팁 둘, 당신이 잘하는 부분을 책임감을 갖고 더 잘하려면 어떤 동기부여가 필요한가?

_____

_____

_____

- 꿀팁 셋, 당신에게 일을 맡겼을 때 리스크 관리는 어떻게 할 수 있는가? 또 도움이 필요한 부분은 무엇인가?

_____

_____

_____

5
적재적소(適材適所) /
강점을 정확하게 알아야

"사람을 알고, 그 능력과 덕량에 따라 적재적소에 등용한다."

－「자로」편, "적재적소(適材適所), 인재등용(人才登庸)"

김 코치는 출근하다 자리에서 좌불안석인 조 과장을 눈여겨보게
됐다. 조 과장은 아주 성실한 사람으로 평이 나 있다. 조 과장은 오늘도
어김없이 한 시간 먼저 출근해서 매출 데이터로 엑셀 작업을 시작했다.
내부 회의에서 데이터를 활용하여 입체적인 작업으로 분석해야 전달할
수 있는 정보가 나온다. 보는 사람에게는 단순한 표이지만 데이터 작업
을 하는 사람은 그 표에 있는 항목과 값을 통해 다양한 정보를 뽑기 위
해 많은 시간을 들여야 한다. 혹여 부장이 예상했던 결과가 나오지 않으
면 그 모양대로 나올 수 있도록 여러 가지 변수들을 추가하고 제거하는
등 후속 작업도 진행된다.

그럼에도 그는 오늘도 어김없이 부장의 호통 소리를 들으며 기가

죽었다. 회의에서 부장은 자료가 밋밋하니 특징이 없다고 그를 나무란 거다. 부장은 발표 자료 항목이 늘 비슷한 내용인데 지겹지도 않으냐며 새콤달콤한 이벤트를 기획해 매출과 시장동향에 대해 매력적으로 관심을 끌 수 있는 것이 무엇인지 머리를 써서 고민하라고 핀잔했다.

조 과장은 그 말을 들으며 머리부터 아팠다. 막판에 이벤트 작업까지 추가됐으니 머리와 손이 더 바빠진 거다. 게다가 부장은 시간마다 불러 진척 현황을 점검하며 일이 더디게 진행된다고 짜증을 냈다. 그렇게 부장 앞에 불려간 조 과장은 브리핑할 때 마음이 조급해지고, 부장의 질문에는 꿀 먹은 벙어리처럼 말이 나오지 않았다.

성실한 조 과장은 왜 부장에게 늘 인정받지 못할까? 부장은 조 과장만 보면 왜 그렇게 답답해하고 짜증을 낼까? 혹시 부장이 조 과장을 개인적으로 미워해서 조 과장이 미운털로 박혔을까? 우리 부서에서 가장 일찍 출근하고 늦게 퇴근하면서 중간에 쉬는 시간이 없이 일만 하는 조 과장. 과연 조 과장에게 무슨 일이 있는 것일까?

반면, 이 과장은 부장의 신임을 받는다. 적극적인 성격의 그는 학부 때 다양한 경진대회에서 수상한 경력이 있어서인지 마케팅이나 기획 등 일에 대한 자신감이 있다. 또 전체 관점에서 질문하고 결과를 미리 정해놓고 그 기준으로 데이터를 가공하니 작업도 빠르다. 그뿐만 아니라 본인 일이 아니어도 곧잘 해냈다. 그래서인지 부장은 그가 제안하는 내용 대부분을 긍정적으로 받아들인다. 부장의 칭찬으로 이 과장은 우리 부서의 복덩이가 됐다.

회사에서의 일은 칼로 무를 자르듯 반듯하게 나눠지지 않고 업무량도 균등하지 않다. 보통은 손이 빠르거나 책임감이 강한 사람이 일을 많이 하게 되고 일하다 보면 어떤 일을 먼저 처리하고 나중에 처리하는지 일머리 노하우와 경험과 결과에서 얻는 감각이 생겨 일에 가속도가 붙는다. 이처럼 일의 쏠림현상은 어느 조직에나 있으며 극히 자연스러운 현상이다. 그럼에도 업무량이 한 사람에게 치우치지 않도록 부서장은 업무의 표준이나 일에 대해 책임자를 정과 부로 지정하여 담당자 간 업무량 균형을 살피고 부재 시 일의 공백이 생기지 않도록 조율해야 한다.

자기 적성을 제대로 아는 지혜

그러던 조 과장은 6개월 후 자신이 원했던 생산관리 부서로 자리를 옮겼다. 먼저 부서에서 늘 자존감이 바닥이었던 그가 새로운 부서에서는 어떻게 적응할지 조 과장의 과거를 알고 있던 동료들은 걱정했다. 조 과장이 옮겨간 부서는 표준화된 양식에 숫자를 기입하고 고객의 요구 대비 제품 생산 현황을 분석한 후 물량이 추가되거나 부족한 부분을 사전에 예측하고 조율하는 곳이었다. 또 수요에 관한 생산물량을 데이터로 분석·관리하는 것이 바로 조 과장의 업무였고 여기서 조 과장의 엑셀 작업이 빛을 발했다. 조 과장의 신속하고 정확한 작업방식은 물량관리에 최고였던 거다. 그는 이제 더 이상 상사에게 지적받거나 요구에 따른 다양한 이벤트를 준비하지 않아도 됐다.

얼마 후 조 과장은 차장으로 승진할 수 있었다. 이렇듯 부서를 옮기고 조 과장, 아니 조 차장은 성격이 매우 활달해졌다. 부장에게 먼저 다가가 본인이 진행하고 있는 업무 이야기를 하는 것은 물론 부장과 협의하여 회의 안건을 준비하고 보고서는 한 장으로 간단하게 줄여 보고할 수 있게 됐다. 예전보다는 일 처리가 신속하니 성과도 눈에 띄게 좋아진 거다. 조 차장이 부장과 개인적인 이야기를 나눌 정도가 되니 상사를 피해다니던 예전 조 과장의 모습은 상상할 수 없게 됐다.

적재적소 인재등용

이 두 사례를 통해 우리는 '적재적소 인재등용'이라는 말을 떠올리게 된다. 앞서 사례로 들었던 이 과장은 두루 재능이 있고 활달한 성향인데 조 과장처럼 꼼꼼함이 필요한 업무 보직을 받았다면 그 결과는 어찌 됐을지 장담할 수 없다.

또 조 과장은 이벤트, 즉 뭔가 주목을 받을 만한 성과를 계속 보여줘야 했던 업무가 몸에 잘 맞지 않는 옷을 입은 듯 적성에 맞지 않았다. 그래서 자신이 잘하는 일이 있음에도 주목받지 못했던 그는 새로운 부서로 이직해 자신의 업무 특성이 빛을 발한 거다. 조직의 리더는 이처럼 그 보직에 잘 어울리고 성과를 낼 수 있는 구성원의 잠재력을 잘 살펴볼 수 있어야 한다. 만약 조 과장의 전 부서 상사가 조 과장의 개별성을 제대로 살폈다면 조 과장이 고통받는 상황은 없었을 것이다.

조직의 자리는 위로 갈수록 줄어들고 한정돼 빠르게 변화하는 조직에서는 과정보다 결과에 더 가치를 둔다. 많은 사람의 협업으로 성과를 이루지만 그럼에도 그 성과의 보상은 한 사람에게 돌아가는 경우가 많다. 그러니 리더는 그 과정을 잘 살펴 어떤 경우에도 '적재적소(適材適所)'를 염두에 두고 인재를 등용해야 할 책임이 있다.

공자는 「자로」 2편에서 "실무자들에게 먼저 본을 보이고, 작은 잘못은 용서해주며, 현명한 인재를 등용하거라"라고 했다. 이처럼 군자는 각각의 재능과 능력에 따라 인재를 등용하고 한 사람을 신뢰한다고 하여 중책을 맡기고 그에게 모든 것을 기대하지 않는다 했다. 「미자」(微子) 10편의 "한 사람에게 완벽하기를 요구하지 말라"는 말씀과 부합된다.

조 차장의 적극적인 업무 태도를 보며 김 코치는 자신의 적성에 맞는 일을 한다는 게 얼마나 중요한지 다시금 깨닫는다. 그 부서에서 자기 다움을 찾은 조 차장의 건승을 빈다.

김 코치가 알려주는 관계 소통

구성원의 강점을 찾아
성장시켜주고 싶은 리더에게 하는 질문

자기 안의 답을 찾아가는 셀프 코칭 질문

• 근육 하나, 나는 구성원들의 강점과 개선점을 파악하고 있는가?

• 근육 둘, 나는 구성원들의 강점이 업무에서 잘 발현되고 있는지
  관찰하고 분석하는가?

• 근육 셋, 나는 그들이 업무를 통해 지속 성장할 수 있도록 방향을
  안내하고 있는가?

리더가 구성원에게 해줄 수 있는 코칭 질문

· 꿀팁 하나, 당신이 최근에 업무를 통해 기뻤거나 스스로
자랑스러웠던 때가 언제였는가?

· 꿀팁 둘, 그때 당신의 어떤 강점이 발현되었다고 생각하는가?

· 꿀팁 셋, 그 강점을 최대치로 끌어올려 업무에 활용해본다면 어떤
업무를 해보고 싶은가?

김 코치가 알려주는 관계 소통

6

근자열 (近者悅) /
가까운 사람에게 친절해야 멀리 가

"가까이 있는 사람을 기쁘게 하면 멀리 있는 사람이 찾아온다."

- 「자로」편, "근자열 원자래(近者悅 遠者來)"

갑자기 사무실이 소란스러워 김 팀장은 무슨 일인가 싶었는데 박 과장과 최 과장이 같은 상황을 두고 각을 세워 열변을 토하고 있는 듯 보였다.

이 대리: 팀장님, 사무실에 난리 났습니다. 빨리 와보세요. 그게 요, 제가 처음부터 쭉 지켜봤는데 박 과장님과 최 과장 님이 자기 의견이 맞다고 계속 주장해요. 제가 듣기에 두 분 의견이 아주 틀린 것도 아니고 그렇다고 또 한 사 람 의견이 전적으로 맞다고도 할 수는 없어서요.

김 팀장: 아, 양쪽 의견이 다 일리가 있다는 말이네? 그럼 이 대 리 생각은 어떤가?

이 대리: 음…, 두 분의 의견을 절충하면 좋겠습니다.

김 팀장: 절충이라. 그럼 자네가 중간에서 조율을 잘해보게나.

반반이 참 좋은데 어떻게 설명할 수가 없네!

이 대리가 돌아간 후 김 팀장은 박 과장과 최 과장이 새삼 어떤 캐릭터인가 생각해보았다. 박 과장은 점심시간이 끝나면 항상 부서원들과 사무실에 들어올 정도로 인기가 좋다. 사람을 편하게 대하기도 하거니와 평소 부서원을 세심하게 챙기는 까닭이다. 또 분위기가 이러하니 박 과장 부서는 타 부서보다 활기차다. 회의 때는 새로운 시도를 지지하고 격려해 다양한 아이디어도 많이 도출된다. 이렇듯 박 과장의 수평적 조직문화 지향으로 부서원 간 소통이 자유로워 특히 1년에서 3년차 직원들 사이에서 부서 인기도 높다.

반면 최 과장은 기획력과 실행력이 탁월하다. 최 과장이 기획서를 작성하고 프로젝트를 진행하면 좋은 결과를 보게 된다. 그가 지시하는 일은 하루에도 몇 차례 최 과장의 피드백을 받고 빠르게 진행되기에, 긴장을 놓을 수 없다. 하지만 퇴근할 때는 과제 진척이 눈에 뚜렷하게 보여서 부서원들은 보람찬 하루를 보낸다. 최 과장은 부서원이 결과를 낼 수 있도록 과정도 확실하게 챙겨 업무를 배우려거나 승진을 앞둔 5년에서 7년차 직원들에게 인기가 많다.

두 사람 다 이렇게 역량이 다르지만 각기 다른 장점으로 조직문화에 기여하고 있다. 하지만 연차도 비슷하고 직급도 같은 두 사람은 말이 없는 전쟁터에서 늘 대치 형국이다. 그러므로 두 사람이 자리한 회의 석상에서는 효율적인 결정을 우선하기보다 누구의 의견인가에 안테나를 세우고 오늘처럼 감정이 촉발되곤 한다.

김 팀장은 부서에 박 과장과 최 과장이 함께 있는 덕에 다른 팀장의 부러움을 한 몸에 받고 있다. 사실 두 사람 덕에 김 팀장은 팀장급에서 알토란 같은 실적을 연속으로 내고 있어 상사들에게 신임을 확실하게 받게 됐다. 그래서 두 사람이 오늘 같은 상황에 있는 것을 보면 쓸데 없는 소모전을 벌이고 있다는 생각에 안타깝다. 이 대리의 말처럼 '두 사람이 의기투합하면 정말 큰 시너지를 낼 수 있을 텐데'라는 아쉬움이 크다. 김 팀장은 두 사람을 각각 면담하며 어떻게든 응원해 각자 성취감을 느낄 수 있도록 잘 코칭해봐야겠다고 마음을 다진다.

논어 「자로」 편에, 2,500년 전 춘추전국시대에 하남성 섭현(葉縣) 남쪽 지역에 섭공이라는 초나라 제후가 있었다. 백성이 날마다 국경을 넘어 다른 나라로 떠나니 인구가 줄어들고, 세수가 줄어들어 큰 걱정이 아닐 수 없었다. 초조해진 섭공이 공자에게 물었다. "선생님, 날마다 백성이 도망가니 천리장성을 쌓아서 막을까요?" 잠시 생각하던 공자는 "근자열 원자래(近者悅 遠者來)" 여섯 글자를 남기고 떠났다. "가까이 있는 사람을 기쁘게 하면 멀리 있는 사람이 찾아온다"라는 뜻으로 이 말은 기업, 가정, 친구 관계를 망라해 모든 분야에 적용되는 원리라 할 수 있다.

사람을 살리는 리더에게 하는 질문

자기 안의 답을 찾아가는 셀프 코칭 질문

• 근육 하나, 나는 구성원들에게 팀의 연대감을 키워주고 있는가?

_____

_____

_____

• 근육 둘, 나는 구성원들의 개인적 가치와 목표를 어떻게 반영하고
  있는가?

_____

_____

_____

• 근육 셋, 나는 그들의 성장을 촉진하고, 공동체 의식을 강화하고
  있는가?

_____

_____

_____

리더가 구성원에게 해줄 수 있는 코칭 질문

- 꿀팁 하나, 당신이 생각하기에 자신의 강점이 업무에서 잘 발현되고 있는가?

_____

_____

_____

- 꿀팁 둘, 당신은 업무를 통해 성장한다고 느끼고 있는가?

_____

_____

_____

- 꿀팁 셋, 당신은 다른 성향(기질)의 동료와 협업으로 성과를 내기 위해 어떻게 하고 싶은가?

_____

_____

_____

7

수신(修身) /
나를 지키는 건 곧 너를 관찰하는 것

"군자가 신중하지 않으면 위엄이 없다. 배워야 고루하지 않게
된다. 충성과 신의를 가장 중요하게 여기라."

- 「학이」편, "군자불중즉불위(君子不重則不威) 학즉불고(學則不固)
주충신(主忠信) 무우불여기자(無友不如己者) 과즉물탄개(過則勿憚改)"

피라미드 구조인 조직은 위로 올라갈수록 자리가 줄어든다. 그러
므로 입사 동기 중에서 리더의 자리에 오를 수 있는 경우는 1%에 불과
하다고 해도 과언이 아니다. 조직은 일의 과정보다 결과를 우선으로 평
가하는 것에 더 가치를 둔다. 여러 부서의 협업으로 많은 일들이 성과로
연결된다. 하지만 그 성과의 보상은 일반화할 수 없지만 대부분 그 일을
주도한 해당 부서의 리더에게 돌아가는 경향이 있다.

그 시대의 군자부터 현시대의 리더에 이르기까지 여전히 리더가
갖추어야 할 덕목으로 신중함, 윗사람 및 동료와의 신의를 꼽으며, 자신
이 좋은 사람이 됐을 때를 전제하여 자신과 같은 사람을 사귀라는 조언

김 코치가 알려주는 관계 소통

을 하고 있다. 더불어 실수했을 때의 태도, 계속해 나아가는 공부의 중
요성도 이르고 있다. 이는 공자가 말하는 군자의 요소들이 현대사회 리
더의 성품이 됐을 때 조직의 성장 또는 도태로 영향을 끼칠 수밖에 없기
때문이다.

김 코치가 존경하는 유 코치는 재직 시절 인사팀장을 맡으면서 코
칭을 접했다. 처음에 유 코치는 코칭도 수많은 자기계발 교육 중 하나이
겠거니 했는데 시간이 지날수록 코칭을 받는 임원이 증가함은 물론 그
들이 조직에서 많은 성과를 내게 된 변화를 보고 코칭의 힘을 느꼈다고
했다. 그렇게 코칭의 매력에 빠져든 유 코치는 퇴직 후에 코칭 과정을
이수·수련해 전문 코치까지 이르게 됐고 그의 핵심 분야는 리더십 코
칭과 멘탈 코칭이다.

한편, 김 코치는 직원들에게 코칭을 하며 근래 자주 들었던 '리더
의 덕목은 과연 어디에 우선 비중을 두어야 하는가'라는 질문의 답을 구
하다 불현듯 떠오른 유 코치에게 전화를 걸었다.

김 코치: 코치님, 안녕하세요? 요즘도 리더 코칭 하느라 여전히
바쁘시죠?

유 코치: 오, 김 코치님. 네, 요즘 한창 바쁠 때라 신임 임원들 코
칭이 몇 개월에 걸쳐 진행되고 있어요.

김 코치: 와, 역시 리더들의 리더 유 코치님이세요. 리더의 영향
력이 조직과 구성원들에게 어떻게 영향을 미치는지 잘
아시잖아요. 책임이 막중하시네요.

유 코치: 그러게요, 알고 있어서 늘 더 잘해야 하는데라고 생각
하게 됩니다. 그래서 놓치는 게 있을까 전전긍긍하기도

합니다.

김 코치: 네, 그렇지요. 아무리 최선을 다했다고 생각해도 끝나고 나면 다시 빈구석이 보이니. 그래도 성과가 좋으시다고 소문이 자자하세요. 제가 요즘 현장에서 자꾸 받는 질문이 있어서 하나 여쭈려 하는데 말씀 주시면 큰 도움 될 것 같습니다.

유 코치: 어떤 질문인데 그러실까요. 너무 어려운 건 저도 단박에 대답을 못 드릴 텐데. 김 코치님도 평소에 공부 많이 하시는 분이라서. 그래도 그 질문, 궁금한데요.

김 코치: 네, '과연 리더는 수많은 요소 중 무엇에 더 우선순위를 두어야 하는지' 궁금해서요. 코치님이라면 뭐라고 말씀해주실지 궁금합니다.

유 코치: 아, 이거 어려운 질문 맞네요. 리더는 매 순간 결정하며 팀을 이끌고 가야 하는데 무엇의 경중을 논하기가 상당히 어렵지요. 리더의 중압감이 발생하는 지점이기도 하고요. 그래도 몇 가지를 꼽아야 한다면 대표적인 것으로 '수신(修身)'을 들 수 있겠네요. 수신의 주제인 '자존(自尊)' 즉 다시 말해 자신을 귀하게 여겨야 타자에게도 긍정, 즉 수용의 태도가 되는 거지요. 그래서 저는 코칭을 할 때 이 사람은 자신을 어떤 눈으로 보고 있는가를 제대로 보려고 노력합니다.

김 코치: 그렇군요, 리더 자신에 대한 수신과 수용이 되어야 팀원들과의 융화가 가능하다는 말씀이네요. 좋은 말씀 고맙습니다. 저도 늘 느끼는 바이기도 하고요.

유 코치: 하하, 고맙긴요. 김 코치님도 이미 알고 계신 건데요. 그

래도 한 가지 더 말씀드리자면 결과를 중시하면서도 과
정을 혼자 이끄는 게 아니라 팀원이 주도적으로 일하도
록 동기부여를 할 수 있게 계속 연구하는 태도를 가진
리더라면 회사 입장에서는 더 바랄 게 없을 듯해요. 구
성원들은 물론이고요.

김 코치: 그렇죠. 리더도 리더이지만 그게 사실은 쉽지 않지요.
말처럼 혼자 앞으로 달려나가 함께 가는 사람이 뒤처지
지 않고 따라오는지 확인하지 못하다 보니 고삐를 늦추
는 연습이 필요하다는 생각을 가끔 하게 돼요.

유 코치: 맞아요, 열심히 사는 사람들의 특징이기도 해서 저도
그런 경우가 많지요. 그런데 혼자 정상에 가면 뭐가 있
겠어요. 고고한 구름과 산등성이가 있을 뿐, 함께 가서
그 기쁨을 나눠야지요.

김 코치: 네, 맞는 말씀입니다. 열심히 사는 리더들이 못 보는 걸
저희가 현장에서 발맞추어 걸으며 잘 도와주어야지요.
오늘 말씀, 정말 많은 도움이 됐습니다. 바쁘신데 건강
조심하시고요.

유 코치: 고맙긴요, 김 코치님 질문 덕분에 저도 생각을 정리해
볼 기회가 됐네요. 그래서 코칭처럼 질문이 중요한 거
지요. 다음에 기회가 되면 차 한잔 나누시지요.

김 코치는 유 코치와의 통화 후 노트에 '리더가 가장 중요하게 생
각해야 할 덕목'을 필기하면서 '수신과 자존'에 대해 다시금 생각하는
시간이 되었다.

자존(自尊)이 높은 리더에게 하는 질문

자기 안의 답을 찾아가는 셀프 코칭 질문

- 근육 하나, 내가 생각하는 리더의 최우선 덕목은 무엇인가?

- 근육 둘, 나는 스스로 어느 정도 인정하고 수용하는가?

- 근육 셋, 내 행동과 결정이 중용(中庸)을 따르고 있는가?

김 코치가 알려주는 관계 소통

- 꿀팁 하나, 당신은 일할 때나 일상적인 소통을 할 때 다른 동료와 의견 충돌을 자주 겪는가?

- 꿀팁 둘, 당신의 행동의 근간인 신념이나 가치관은 무엇인가?

- 꿀팁 셋, 당신에게 그 신념과 가치관이 주는 유익은 무엇이며, 업무 처리할 때 어떤 영향을 미치는가?

인문학과 코칭은 나와 함께 걸어가는 파트너

2013년 인사동에 자리한 '함께성장인문학연구원'의 치유와 코칭 백 일 쓰기 과정을 거쳐 넘어진 자리에서 다시 일어날 수 있는 근육과 힘이 생겼다. 그때 이후 줄곧 홀로가 아닌 함께 건강하게 성장하고자 하는 문우들과 인문의 숲 연구원 과정을 서로 배우며 '교학상장'의 길을 계속해 걸어올 수 있었다.

이 책을 쓰면서 내가 줄곧 연구해온 관계, 소통 그리고 리더십은 누구에게도 '완벽한 마침표가 아니라 일상을 걸어가며 주어진 일에 최선을 다해서 한 땀씩 만들어가는 것'이라는 걸 깨닫게 됐다. 왜 '우리 주변에는 훌륭한 리더십을 발휘하는 리더가 없을까'가 아니라 리더와 팔로워가 호흡을 맞춰가며 최적의 리더십을 만들어가야 하는 거라는 걸, 또 나와 상대가 함께 진정성 있는 상호작용을 해야만 비로소 리더십이 성립된다는 걸 알게 됐다.

보석 세공사가 좋은 원석을 고르는 것도 중요하지만 그 원석의 결을 살려 디자인하고 오차 없이 정확하게 깎은 다음 그라인더로 갈아 곱게 연마하는 작업을 해야 빛나는 보석으로 탄생하게 된다. 또 원석의 제

빛깔이 잘 표현되게 가공하는 기술이 있어야 최고의 세공사라 할 수 있다. 소통도 이처럼 정성을 들인 과정이 반드시 필요하다는 사실을 다시금 꼭꼭 새긴 게 이 책을 쓰는 과정이었다.

지속적인 공부가 나를 이 자리에 있게 도와주었지만, 결코 혼자만의 힘으로만 이루어진 건 아니다. 하루하루를 지나 여기까지 걸어올 수 있었던 바탕에는 모든 인연과 만남, 조건 없는 지지가 있었고, 이는 내가 성장할 수 있는 자양분과 마중물이 되었다.

늘 배워야 한다며 학습하는 자세로 살 수 있는 기틀을 만들어주고 실천할 수 있도록 내 손발이 되어준 친정어머니 정경순 님, 사계절 제철 재료로 먹거리 보내는 시어머니 송정자 님, 감정이 나를 찾아가는 시작점이라는 것을 알려주신 지운 유동수 선생님, 사람 마음에 대해 공부할 수 있게 기회 주신 한성열 교수님, 코칭의 학문적 지평을 넓혀주신 김현수 교수님, 10여 년 동안 나를 지켜보며 손잡아준 인사동 함께성장인문학연구원 정에서 선생님과 인문학 서원을 비롯한 문우들, 파랑새 언니 이민서 님, 사회생활 첫 만남에 내가 사회 구성원으로 자리할 수 있도록 든든한 버팀목이 되어준 회사와 동료들, 주변이 밝고 건강해지도록 선한 영향력을 미치는 해피포럼 코치님들, 마음 함께 나누는 마음도반 한알 3기와 고려대학교 교육대학원 상담심리 동기들, 함께 가정의 울타리를 꾸리면서 부족한 부분을 채워주는 남편 이영호 님, 그리고 일하면서 공부하는 엄마의 뒷모습을 보면서 건강하게 자라준 아들 제진과 딸 연지, 마지막으로 책이 세상에 나올 수 있도록 관심과 노력을 아끼지 않은 북코리아 출판사의 이찬규 대표님과 김수진 편집자님께도 감사의 인사를 전한다.

앞으로도 나는 '목표가 있는 대화' 프로세스인 '코칭'을 기반으로 조직과 개인의 관계 소통을 위해 내 소임을 다할 것이다. 현장에 더 가까이 다가가는 '소통 전문 코치'로 언제 어디서든 내가 필요한 자리에 쓰임 있게 서 있기를 바라면서, 여러분을 만나게 되리라 고대한다.

참고문헌

강원국(2021). 『강원국의 어른답게 말합니다: 품격 있는 삶을 위한 최소한의 말공부』.
　　웅진지식하우스.

건강다이제스트(2021. 12. 2). 「육아 스트레스로 인한 '육아 우울증', 올바른 해소
　　방법은?」.

기시미 이치로, 고가 후미타케(2014). 『미움받을 용기』. 전경아 옮김, 인플루엔셜.

김수정(2015). 「관리자의 코칭리더십과 조직유효성의 관계: 개별성, 관계성 및
　　직무자율성의 매개효과를 중심으로」. 한국기술교육대학교 박사학위논문.

김윤나(2017). 『비울수록 사람을 더 채우는 말 그릇』. 오아시스.

데니스 그린버거, 크리스틴 페데스키(2005). 『기분 다스리기』. 권정혜 옮김, 학지사.

데일 카네기(2019). 『데일 카네기 인간관계론』. 임상훈 옮김, 더스토리.

문요한(2023). 『관계의 언어: 나를 잃지 않고 관계를 회복하는 마음 헤아리기 심리학』.
　　더퀘스트.

박창규 외(2019). 『코칭 핵심 역량: 실전코칭을 위한 필독서』. 학지사.

박창규 · 권현숙(2019). 『강 팀장을 변화시킨 열 번의 코칭』. 학지사.

박창규 · 유성희 · 원경림(2022), 『마스터풀 코치가 갖추어야 할 코칭 핵심 역량』. 학지사.

비욘 나티코 린데블라드(2024). 『내가 틀릴 수도 있습니다: 숲속의 현자가 전하는 마지막
　　인생 수업』. 박미경 옮김, 다산초당.

샘 혼(2019). 『적을 만들지 않는 대화법: 사람을 얻는 마법의 대화 기술 56』. 이상원 옮김, 갈매나무.

아빈저연구소(2016). 『상자 밖에 있는 사람: 진정한 소통과 협력을 위한 솔루션』. 서상태 옮김, 위즈덤아카데미.

아빈저연구소(2018). 『나를 자유롭게 하는 관계』. 서상태 옮김, 위즈덤아카데미.

에노모토 히데다케(2004). 『마법의 코칭: 부하의 능력을 열두 배 키워주는』. 황소연 옮김, 새로운제안.

에밀 아자르(2016). 『자기 앞의 생』. 용경식 옮김, 문학동네.

유동수(2008). 『감수성 훈련: 진정한 나를 찾아서』. 학지사.

유동수 · 김현수 · 한상진(2008). 『한국형코칭』. 학지사.

윤홍균(2016). 『자존감 수업: 하루에 하나, 나를 사랑하게 되는 자존감 회복 훈련』. 심플라이프.

이지영(2017). 『정서 조절 코칭북: 내 감정의 주인이 되어라』. 박영스토리.

주디스 E. 글레이저(2014). 『대화지능: 당신을 성공으로 이끌 한 차원 높은 대화로의 도약』. 김현수 옮김, 청림출판.

칼릴 지브란(2018). 『예언자』. 류시화 옮김, 더클래식.

캐롤 드웩(2023). 『마인드셋』. 김준수 옮김, 스몰빅라이프.

크리스토프 앙드레, 레베카 샹클랑(2021). 『나를 살리는 관계: 단절의 시대, 그럼에도 불구하고 우리는 연결되어 있다』. 이세진 옮김, 위즈덤하우스.

통계청(2009. 2). 「이혼율의 변화와 사회적 결과」.

페터 비에리(2015). 『자기 결정』. 문항심 옮김, 은행나무.

찾아보기
상황별 맞춤 코칭 질문

김 코치가 알려주는 관계 소통